教育的情愫

朱永新教育书影录

山西出版传媒集团　山西教育出版社

图书在版编目（C I P）数据

教育的情愫：朱永新教育书影录/朱永新著. —太原：
山西教育出版社，2015.9
ISBN 978-7-5440-7877-1

Ⅰ. ①教… Ⅱ. ①朱… Ⅲ. ①教育工作-中国-文集
Ⅳ. ①G52-53

中国版本图书馆 CIP 数据核字（2015）第 212087 号

教育的情愫：朱永新教育书影录
JIAOYU DE QINGSU：ZHUYONGXIN JIAOYU SHUYING LU

责任编辑 李梦燕
助理编辑 刘继安
复　　审 彭琼梅
终　　审 郭志强
装帧设计 王耀斌
印装监制 贾永胜

出版发行 山西出版传媒集团·山西教育出版社
（太原市水西门街馒头巷 7 号 电话：4035711 邮编：030002）
印　　装 山西臣功印刷包装有限公司
开　　本 787×1092 1/16
印　　张 23
字　　数 232 千字 408 幅
版　　次 2015 年 9 月第 1 版 2015 年 9 月山西第 1 次印刷
书　　号 ISBN 978-7-5440-7877-1
定　　价 69.00 元

CONTENTS 目录

一、文集

二、专著

三、合著

四、主编

五、译著

序　言

几年前，好友冯斌先生编撰了一本《叶圣陶书影录》，邀请我撰写序言。拿到书的时候，甚为喜欢。心中就想，等我老了以后，也可以为自己编一本这样的书。没有想到，这么早就提前开始了这项工作。

首先是因为山西教育出版社要为我出一套小书，他们冠名为“朱永新教育之旅系列”，除了访谈录、讲演录、网事录、序跋录外，我能够想到的也只有这本书影录了。

其次是我也想借这个机会整理与反思一下自己的教育学术道路，既然命名为“教育之旅”，把这本书收录也是名正言顺的事情。

在整理这本书的时候，我自己没有那种“沉甸甸”的感觉，倒是有一种“慌张张”的惶恐。看到自己这些年来的学术道路，总觉得有些“杂”，有些“浅”，总是随着自己工作的变动而寻找新的学术方向，让学术为自己的工作服务。也许，这是自己的学术宿命。也许是自己太热爱学术研究了，一直割舍不下学术的情结。也许是知道任何工作都需要理论的自觉和学术的支持，一直坚持理性地研究问题。但同时我非常清楚，要想在两条战线有成就，就必须付出双倍的努力。所以，这些年来，我几乎牺牲了所有的节假日，牺牲了许多个人的爱好和运动的时间，为的是把本职工作做得无可挑剔，甚至达到大家眼中的卓越。

幸亏，无论我的工作怎样变动，我一直没有离开教育。在苏州大学担任教务处长时，我把研究方向从心理学史移向教育思想史和教学管理。担任苏州市副市长时，我把研究方向调整为城市管理与教育管理。到民进中央工作以后，我进一步把研究方向转向教育政策与现实教育问题。同时，从2000年开始，新教育实验一直是我重点关注的问题，它与中国教育的主要领域息息相关。

我把这本书定名为《教育的情愫》。愫，在汉语中意思就是真实的情感。这本书，其实记录的就是我这些年来教育研究的心路历程。全书分为文集、专著、合著、主编、译著五个类别，按照出版的时间排序，由近及远，一方面是我对自己近年来出版的著作相对满意，另一方面也是这些著作相对容易找到，早期出版的许多著作，有些已经找不到了。这次撰写书影录的时候，专门到国家图书馆查询，到孔夫子旧书网去淘宝，才基本找全了这些书。

感谢我的博士生余国志，他帮助我打印、整理了许多原书的序言后记，收集了不少素材。但是每本书背后的故事，只能由我自己来记录。在撰写这本书的时候，除了对部分不成熟的作品感到“汗颜”“难堪”外，也特别感谢那些曾经帮助过我的编辑们。我曾经说过，一本优秀的图书，其实往往是作者与编者的默契合作，是两个人共同的作品。当然，一本书的生命力，是靠读者来实现的。再好的图书，如果没有人阅读，它就是一堆废纸。让人感到欣慰的是，我的一些著作，从出版至今，一直在不断再版加印，说明它们是有一些生命的力量的。所以，在这里，我也把这份特别的情愫，献给我的编辑和读者朋友们。

朱永新

2015年7月10日

于北京滴石斋

一、文集

2010年新教育第十届年会（摄影：林海）

1 朱永新教育著作（16卷，英文版）

Works by Zhu Yongxin on Education

在2011年8月31日开幕的第18届北京国际图书博览会上，中国人民大学出版社与麦克劳希尔教育出版集团签署了“中国经验”丛书版权合作暨出版平台协议。《朱永新教育著作》（16卷）与陈雨露所著《人民币读本》、金灿荣所著《大国的责任》、程天权所著《中国之路》、阎学通所著《当今中国面临的挑战、应对与未来》等正式成为平台签约的第一批著作。

中国人民大学出版社社长贺耀敏在致辞中说：“朱永新提出的新教育注重与人类的崇高精神对话，强调一个人的精神发育史就是其阅读史，让学生拥有一个博爱而敏感的灵魂，重塑他们的精神世界蓝图。正是注意到朱永新对中国教育真实而深刻的反映，全球最大的教育出版集团麦克劳希尔与中国人民大学出版社签约《朱永新教育著作》（16卷）全部英文版权，向全球英语世界推广。”

出席签约仪式的麦克劳希尔教育出版集团亚太区负责人在讲话中指出，此次与人大社合作引进书籍的英文版，将纳入“麦克劳希尔教育出版集团中国经验”项目。这个项目旨在通过

麦克劳希尔教育出版集团
2014年至2015年版

将中国精品图书翻译成符合国外读者阅读习惯的地道英语，来满足学术读者和大众读者的需要，并进而推进中西方知识界之间的交流和讨论。

时任国家新闻出版总署对外交流与合作司司长张福海、国务院新闻办公室三局处长李智慧出席了本次活动。

签约仪式以后，根据国际出版规范和英文版读者的特点，我对全书做了比较大的修订，特别是对《中国当代教育思想史》《中国教育评论》《中国教育建议》等进行了比较大的增补或删减。为了帮助读者查找内容，增加了主题索引和参考文献，同时对全书的文字做了一次梳理和校对。为了帮助英文读者理解每本书的背景情况，我还为每本书撰写了英文版序言。

麦克劳希尔教育出版集团在签约后也很快组织了专家团队与翻译团队，经过三年多的努力，《朱永新教育著作》从2014

年底开始陆续出版发行。截至2015年8月，已经出版其中的8卷，分别是《中国古代教育思想史》《中国近现代教育思想史》《我的教育理想》《我的阅读观》《中国新教育》《新教育对话录》《中国教育观察》《中国教育建议》，《新教育讲演录》《中国当代教育思想史》《中国本土心理学研究》《教育心理学论稿》《走在新教育路上》《写在新教育边上》《外国教育观察》《中国教育评论》等8卷已经翻译完毕，将在2015年年底出版发行。

麦克劳希尔的专家团队认真负责的工作作风给我留下了非常深刻的印象。为了译文的准确性，每一本书，他们都提出了大量问题。为了引文的精确性，对于原书没有标注的每一段引文，他们都要重新找到出处。麦克劳希尔教育出版集团的颜莉老师与中国人民大学出版社朗朗书房的编辑蔺蒙蒙小姐，以及新阅读研究所的朱寅年先生，我的博士余国志先生，新父母研究所的蓝玫女士等，协助我做了大量的引文查对、文字校改等具体工作。

麦克劳希尔
教育出版集团
2014年至2015年版

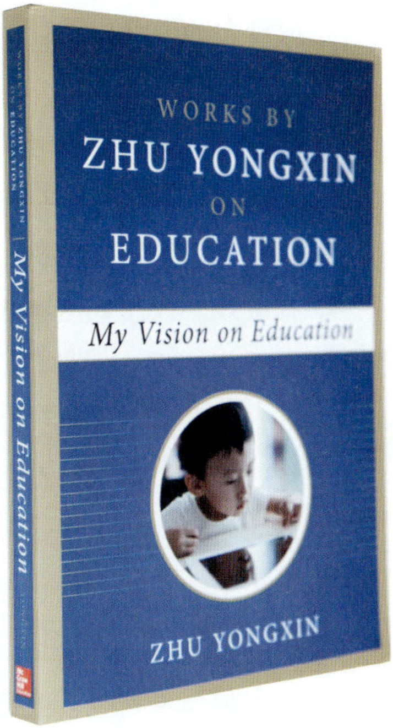

我在英文版的《中国古代教育思想史》序言中曾经比较过中西教育的特点：中国教育思想重世俗，而西方教育思想重神性；中国教育思想重道德，而西方教育思想重功利；中国教育思想重和谐，而西方教育思想重竞争；中国教育思想重集体，而西方教育思想重个体等等。在这全球化的时代，在不同人群、国别、民族之间的交流越来越频

2011年8月文集英文版与美国麦克劳希尔教育出版集团签约仪式

繁，冲突也随之源源不绝的当下，我相信，只有促进彼此思想的沟通才能造成理念的融合，只有依靠教育的力量才能创造和谐的世界。

我在英文版的《中国新教育》一书的序言中也写道："东方与西方、中国与美国的国情不同，教育的传统也不尽相同。但是，教育是人类对抗愚昧无知的共同武器，作为优秀教师的品质也应该是相同的。中国的教师读雷夫《第56号教室的奇迹》会热泪盈眶，读罗恩·克拉克的《55条班规》也会心有戚戚。我想，这本小书也可能会引起部分英文世界的教师们的共鸣吧。我更希望，不论何种语言、哪个国家，都有更多教师满怀理想地走在教育路上，我相信，那样行走的本身，一定充满幸福。"

目前，世界教育正在经历一场前所未有的变革。一个重要的趋势是中国在向西走，从纪律走向民主，从灌输走向讨论；西方在向东走，注重自由和纪律结合，强调评价的引导和影响。在全球化的时代里，只有东西方互相学习共同努力，才能有真正的好教育，才能实现人类教育的幸福完整。也许，这也是英文版《朱永新教育著作》出版的意义之所在。

2　朱永新教育作品（16卷）

这部《朱永新教育作品》原本不在我最近几年的工作计划中。2010年年初，著名出版人、中国人民大学出版社朗朗书房的董事长呼延华先生来看我，带来了他们出版的黄全愈教授的十卷本教育文集和一套《世界美术全集》，我对他们图书的装帧和品位印象非常深刻。他告诉我，他们想为我出版一部更好的教育文集。

我没有心动，因为我知道最近几年虽然我一直没有停止思考和写作，也有不少新的作品，但是离出版新的文集还有漫长的道路要走。

应该说，2004年人民教育出版社第一次出版我的《朱永新教育文集》的时候，我还是有些踌躇满志的，对自己的研究和努力还是有一些信心的。这套文集出版以后，也得到了一线教师们的欢迎和学术界的认可，先后出版了韩文版、日文版和台湾的繁体字版，获得了全国高校优秀畅销书一等奖，以及《中国教育报》评选的“最受中国教师欢迎的教育理论著作”第一名等殊荣。

2012年1月版

2014年5月精装版

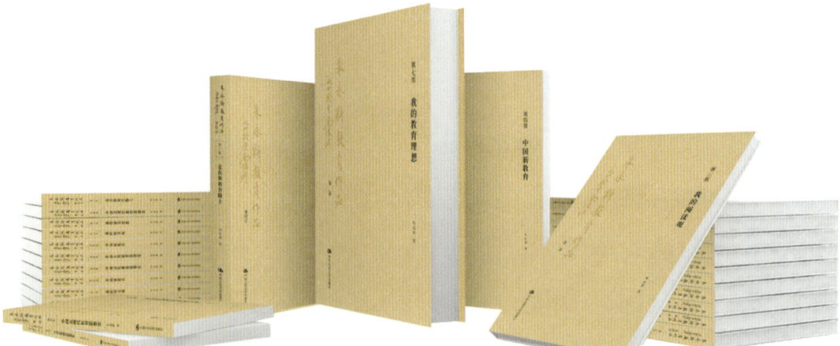

2014年5月第3版

我希望，新文集的出版，能够在内容上成为对前一版文集的超越。但我本职工作本来就繁忙，践行新教育实验的各项工作又占据了我所有业余时间，我很难找出时间来梳理和整理。

但是，当呼延华先生三顾茅庐时，我被他的诚意感动了。他说，他们会组织强大的编辑阵容帮助我一起整理；他说，应该让更多的人了解新教育人所做的工作；他说，他们会用心做一套全面反映新教育进展的著作。

而我回头看看前一版文集，还是有一些遗憾。第一版文集毕竟是新教育实验刚刚开始阶段出版的，而新教育实验又是我践行教育理想的最大载体，还有新的内容需要补充。尤其是有一次同英国的一个著名大学出版社谈版权的时候，他们就提出如果能够把最近几年最新的思考和实践，尤其是轰轰烈烈的新教育实验的进展补充进去，可能会更加有价值。

我没有理由拒绝了，只能继续捧起“时间是海绵里的水”这一法宝，开始了文集的修订。

在新阅读研究所朱寅年先生和著名儿童文学作家、新教育义工童喜喜等人的协助下，经过近一年时间的集中工作，这套教育作品的首版终于在2012年1月顺利问世。

《朱永新教育作品》由十届全国人大副委员长许嘉璐先生、中国教育学会会长顾明远先生分别作序。许嘉璐先生的序言是2004年版《朱永新教育文集》的原序。顾明远先生在序言中评论说，朱永新的书“有理论有实际，平易近人，用广大教师能够听得懂的语言说出具有教育科学规律性的理论，案例中含有教育的哲学。广大教师容易理解，容易接受，所以他的书会拥有众多的读者。”

著名国学大师、94岁高龄的南怀瑾先生对我的教育探索非常支持，多次与我讨论中国教育问题，使我获益良多。他为本书专门题写了书名，为本书增色许多。遗憾的是，老师在题签以后不久就去世了，这也是他最后的遗墨之一。

著名图书装帧大师周晨先生义务为本书的精装本设计了封面。曾经多次获得“世界最美图书奖”和“中国最美图书奖”的他，亲自为我去厂家选择了金色的苏州丝绸作为封面材料，设计了大气庄重的新封面。

《朱永新教育作品》出版后得到了国内外学术界的广泛关注，也受到了一线老师的欢迎。在2012年8月举行的中国国际书展上，麦克劳希尔教育出版集团正式签约引进全部16卷版权，计划用5年左右的时间翻译完成全书，在全球发行。为了适应国际出版的规则和英文版读者的需要，我又用一年左右的时间再次对全书进行了修订。2014年，新修订的《朱永新教育作品》与英文版先后出版发行。

卷一　中国古代教育思想史

众所周知，中国古代文化光辉灿烂，这与教育的文化传承作用密不可分。中华民族素有重视教育的传统，其教育思想也历史悠久、内涵丰厚。

本书梳理了中国古代教育思想的起源和发展轨迹，阐述了中国古代教育思想的主要特质、理论基础，分专题介绍了中国古代的德育观、教学论、教师说、读书法、科举制度、书院和蒙学等，从多个侧面展现了中国古代教育思想的沿革和对后世的深远影响，力图客观呈现中国古代教育思想史的全貌。

中国人民大学出版社
2012年1月版

与一般的中文版教育思想史的写法不同，本书不是以时间线索对中国古代教育家的教育思想分别进行介绍，而是采取专题研究的方法，注重解剖中国古代教育思想的基本特点及其与西方教育思想的联系与区别，对一些重要的教育问题进行深入的分析。

这本书是我在江苏教育出版社1992年出版的《中华教育思想研究——中国教育科学的成就与贡献》的基础上修订的。2003年收入了人民教育出版社的《朱永新教育文集》，以《滥觞与辉煌——中国古代教育思想史》为题出版。2010年中国人民大学出版社出版16卷的《朱永新教育作品》时，以现在的书名《中国古代教育思想史》出版。2012年再次修订时，增加了一篇吴澔瀚老师撰写的长篇报告文学《朱永新：大写一个“人”》作为附录，并且按照原国家新闻出版总署的出版规范，增加了主题索引，对全书进行了文字的梳理和部分引文的核对。

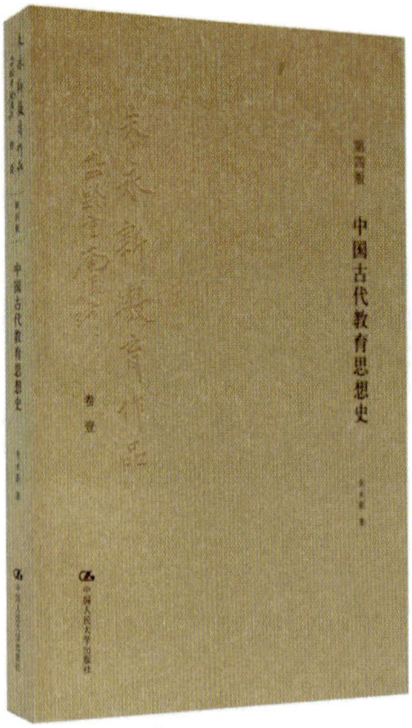

中国人民大学出版社
2014年5月版

这本书陆续被翻译为韩文、日文和英文，希望能够促进中西方教育思想的碰撞与交流。如在书中我提出，中国教育思想重世俗，而西方教育思想重神性；中国教育思想重道德，而西方教育思想重功利；中国教育思想重和谐，而西方教育思想重竞争；中国教育思想重集体，而西方教育思想重个体等等。在这全球化的时代，在不同人群、国别、民族之间的交流越来越频繁，冲突也随之源源不绝的当下，我相信，只有促进彼此思想的沟通才能造成理念的融合，只有依靠教育的力量才能创造和谐的世界。

卷二　中国近现代教育思想史

这本《中国近现代教育思想史》主要讨论了中西教育思想的会通与融合，分析了中国近代洋务教育思想与维新教育思想的缘起与特征，研究了中国现代个性教育思想、职业教育思想、平民教育思想、乡村教育思想、生活教育思想的形成与发展，并且探讨了中国共产党领导的解放区革命教育思想的特点。

本书是人民教育出版社2004年版《沟通与融合——中国近现代教育思想史》一书的修订版。2004年版是根据江苏教育出版社1992年出版的《中华教育思想研究——中国教育科学的成就与贡献》的近现代部分修订增补完成的。2010年进行了第一次修订，对原序做了一些修改，同时对书中的个别引文和文字进行了更正，结构上并无大的调整。新阅读研究所的朱寅年先生帮助我通读了全书，查证了部分引文，校正了部分文字。

在2014年修订《中国近现代教育思想史》期间，有一个小小的文化事件让我对修订工作感慨万千。这就是以“先生”为主题的大型展览的开幕、十集电视片的播出和图书《先生》的出版。

这里所说的先生分别是蔡元培、胡适、马相伯、张伯苓、梅贻琦、竺可桢、晏阳初、陶行知、梁漱溟、陈寅恪。他们几乎是清一色的“海归”，接受过系统的西方教育。几乎全部在大学当过教授，是学贯中西的大学者。先生们的道德文章不仅是那个时代的风范，也是今天的标杆，不仅是一座座巍巍屹立的精神丰碑，更是一条条吸引后来者继续跋涉的教育之径。

正如《先生》一书的出版者所说：他们开风气之先，不坠青云之志。他们的人格风骨、思想情怀、学术风范、学问自由，莫不是时代的榜样。在波澜壮阔的民国文化、烽火连天的抗战守拙和大江大海的南渡北归中，他们宛如一座座顽强的灯塔，各自照亮一方山河！他们“不仅有深厚的国学根基，又对西方的民主科学感同身受；他们生于乱世，颠沛流离于战火之中，却不求苟全性命、不求闻达，为国传承与担当；像庇护小鸡的母鸡般，以弱身御强世；对学生后辈教之导之帮之扶之惜之爱之，毫不吝啬提供经世学问之坐标以及人格营养，示范风骨与风度，为后辈的成长和民族的兴盛赢得时间、空间。他们既清贫又富

中国人民大学出版社
2012年1月版

有，不仅有激情，还有理性；他们不断张扬民主、科学，并点滴努力推动着国家的进步”。

这十个人中有一半以上做过大学校长，有着许多精辟的教育思想。如：蔡元培主政北京大学时提出了“思想自由，兼容并包”的办学方针。胡适积极提倡“文学改良”和白话文学，也一度担任上海公学和北京大学的校长。马相伯以“教育救国”的情怀“毁家兴学”，创办了震旦学院和复旦公学。

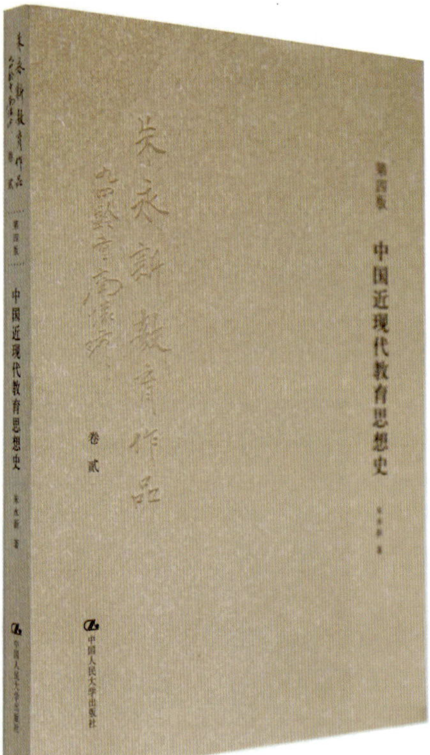

中国人民大学出版社
2014年5月版

张伯苓更是中国教育史上一位具有传奇色彩的教育家，他从传授“新学”的家馆开始，一步一步办起了南开中学、南开大学、南开女中、南开小学和重庆南开中学，是跨越所有教育阶段的教育家。他是我国奥林匹克运动的倡导者，他创建和组织了“远东奥林匹克运动会”和“中华全国体育协进会”，最早促成了中国运动员正式参与奥运会的比赛。他提出了“允公允能、日新月异”的南开校训，也成为中国教育的精神遗产之一。

作为大陆和台湾两地的清华大学校长，梅贻琦先生提出了“所谓大学者，非有大楼之谓也，有大师之谓也”的治校名言，一直流传至今。竺可桢担任浙江大学校长的时间长达13年，他以“求是”为校训，明确提出了中国的大学必须培养“合乎今日的需要”的“有用的专门人才”的主张。

晏阳初则走进乡村开展平民教育实验，主张通过教农民识字，实施生计、文艺、卫生和公民“四大教育”来消除他们身上的贫、愚、弱、私“四大病”。

陶行知先后创办晓庄学校、生活教育社、山海工学团、育才学校和社会大学，他的生活教育学说提倡“教学做合一”及“小先生制”，提出了“生活即教育”“社会即学校”“教学做合一”三大主张。

梁漱溟是十位先生中唯一没有留过洋、唯一没有接受过高等教育的学者。他先后两次当过中学校长，也应邀在北京大学当过教授，但他自称“是一个有思想，又且本着他的思想而行动的人”，所以乡村教育成为他用心用力最多的地方。

陈寅恪是十位先生中最“纯粹”的学者，他先后留学日本巢鸭弘文学院、德国柏林大学、瑞士苏黎世大学、法国巴黎政治学院、美国哈佛大学，并先后在清华大学、西南联大、广西大学、中山大学、牛津大学、燕京大学等校任教，他能够阅读梵、巴利、波斯、突厥、西夏、英、法、德八种语言，倡导为人治学当有“独立之精神，自由之思想”，已成为许多学者的人生理想。由于偏重教育思想体系，《中国近现代教育思想史》只涉及蔡元培、晏阳初、陶行知、梁漱溟四位教育家，对于其他六位重要的教育家和学者没有详细研究。另外，对于同时代的另外一些教育家，如叶圣陶先生、夏丏尊先生等的教育思想，以及对于那个时代的重要教育事件与学校，如西南联大、春晖学校等，也没有展开详细的研究。

2014年修订时本想增加一章“中国近现代教育救国思想”，对张伯苓、马相伯等人的教育救国思想与实践进行论述，并为此收集了大量资料，但由于时间与精力的原因，最终没有完成，多少有些遗憾，只能够留待以后了。所以，2014年版除了增加了一个主题索引，修订了部分文字和参考文献外，没有进行太大的修改。有兴趣的读者，可以通过增加的参考文献，来了解那些先生们的教育思想与教育实践。

本书先后出版了韩文版、日文版、英文版和台湾的繁体版。

十年树木，百年树人，教育是人类传承精神的接力棒，需要一代又一代人的不懈努力。当年辛勤耕耘的先生们，如今已经和这片土地融为一体。向先生们致敬，不仅需要用语言讴歌，更需要用行动学习。只有这样，我们肩上沉甸甸的压力，才会变成促使我们埋首前行的动力。

卷三　中国当代教育思想史

这本《中国当代教育思想史》把中国当代教育思想的演变分为初创、探索、混乱、重建和发展五个时期，并对每个时期的主要特点进行了分析研究，同时分别探讨了共和国领袖的教育思想，当代教育的基本理论、教学思想、德育思想、教育心理学思想，概况了中国当代教育改革的理论与发展战略研究，中国当代教育模式的转换、发展的经验与教训等。对未来中国教育发展的走向也进行了分析。

本书是人民教育出版社2004年版《嬗变与建构——中国当代教育思想史》一书的修订版。2004年版是根据江苏教育出版社1992年出版的《中华教育思想研究——中国教育科学的成就与贡献》的当代部分修订增补完成的，主要补充了一些20世纪90年代以来教育思想发展的资料。2010年中国人民大学出版社的新版进行了第一次系统的修订，对原书做了比较大的修改、补充与完善，主要有两个大的特点：一是将原第二章“中国当代教育思想的嬗变”分解为五章，即第二章“中国当代教育思想的初创时期（1949—1956）”、第三章“中国当代教育思想的探索时期（1957—1963）”、第四章“中国当代教育思想的混乱时期（1964—1976）”、第五章“中国当代教育思想的重建时期（1977—1990）”和第六章“中国当代教育思想的发展时期（1991— ）”，并对一些数据做了新的补充与完善。对于原书个别章节的内容也做了一些局部的调整。这样使内容更加丰富完整。二是对原书中关于素质教育、教育公平、终身教育、共和国领袖的教育思想、人的全面发展、教育产业、教师专业发展、新课程理论、教学理论与教育实验、教

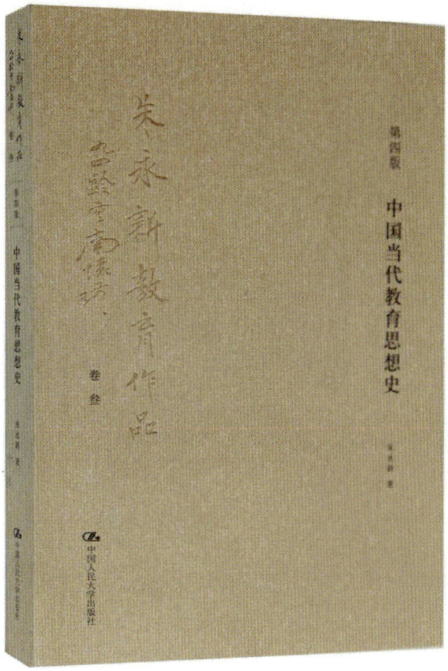

中国人民大学出版社
2014年5月版

中国人民大学出版社
2014年5月精装版

中国人民大学出版社
2012年1月版

育战略等问题，进行了比较大的增补，以期大致能够反映21世纪最初十年来中国教育理论的发展情况。

2014年又进行了一次修订，主要做了以下几个方面的工作：一是在第九章“中国当代的教学思想”中对新教育实验的内容重新进行了梳理，进一步厘清了新教育实验发展的脉络；二是在第九章中分别增加了“杜郎口教学改革实验”和“佐藤学的学习共同体理论”两节；三是根据一些读者“今人不说今人”的建议，删除了第三版第七章“共和国领袖的教育理想”中的部分文字；四是增加了一个主题索引；五是对参考文献和一些文字进行了必要的调整。

在修订《中国当代教育思想史》期间，发生了一件可以写进中国当代教育思想史，并且会在今后相当长一段时间内影响中国教育改革与发展的历史事件，这就是中国共产党第十八次全国代表大会的召开。在新版后记中，我详细解读了十八大关于教育的思想，如把优先发展教育，办人民满意的教育作为教育改革与发展的中心任务，同时把教育问题作为改善民生与社会建设的首要问题等。

本书亦被翻译成英文出版。英文版对原书做了比较大的修改、补充与完善，并对一些数据做了新的补充与完善。一是对于原书个别章节的内容也做了一些局部的调整。二是对原书中关于素质教育、教育公平、国外教育理论、共和国领袖的教育思想、教育战略等问题，进行了比较大的删除。

研究当代教育思想是一件费力不讨好的事。“不识庐山真面目，只缘身在此山中。”由于历史和空间的局限，当代教育思想的发展脉络相对难以梳理，评价也难免会受研究者个人志趣的影响。这本书的撰写和修订过程中先后得到了袁振国教授、何小忠博士、谢竹艳博士、朱寅年先生等人的帮助。

教育是立国之本。作为一名教育工作者，最期待看到的，自然是国家的强盛，是人民的安康，是教育把民族引向崇高与卓越。我相信，我们正走在这条路上。

卷四　中国本土心理学研究

“蜂蝶纷纷过墙去，却疑春色在邻家。”中国文化熏陶下成长的中国人的内心世界与西方人有着明显的差异，而中国人对自己的心理解剖与反思，对中国社会文化的心理分析，已经为建立中国独特的心理学体系提供了参照和可能，中国本土心理学的诞生已是迫在眉睫的事了。长期以来，我国从心理学的基本概念到心理测量的主要手段，都是从西方移植过来的，自觉不自觉地用西方学者的视角去观测中国人的心理，这自然会产生“镜花水月”的景象。

事实上，中国古代不仅有着与西方一样的哲学心理学，在实证研究方面也有自己的探索。如我在美国《大脑与认知》杂志上发表的《中国古代学者对于大脑研究的贡献》一文，就在一定程度上推翻了国际心理学界公认的传统说法，把大脑功能定位学说的发现提前了100年左右，受到了国际学术界的广泛重视。

这本书分“序言”、第一编“应用心理”、第二编“人物学派”和第三编“评论综述”。其中序言介绍了我与中国心理学史研究的学术历程，第一编讨论了中国古代的教育心理、人才心理、犯罪心理、军事心理、医学心理、管理心理、梦的学说、近代教育心理思想等；第二编研究了二程、朱熹、陆九渊、王廷相、陈确、王夫之、颜元、玄学家的心理思想；第三编探讨了中国古代学者论意志本质、中国人的社会政治心理分析、中国人的“恋权情结”、中国古代学者对于大脑研究的贡献、中国社会改革的心理问题和中国心理学史研究的十年进展与反思。

我的学术生涯在中国古代心理学史研究中扬帆启航，而我又幸运地遇到一位位学术大师，从潘菽、高觉敷、刘兆吉到燕国材等，全程参与了中国心理学的学科建设工作。从国内第一本论文集、第一本统编教材，到第一本辞典、第一本教学参考资料的编写，从在海外发表文章介绍中国古代心理学史，到在我国港台的大学报告中国心理学史的研究成果，我都是其中最活跃的分子之一。

中国人民大学出版社
2012年1月版

特别需要感谢的是燕国材老师，他是我步入学术殿堂的引路人，也可以说是我学术之路上的精神导师。认识他的时候，我还是一个20出头的愣头青，他也是一位不到50岁的中年人。现在，我也是“奔六”之人了。但先生在第一堂课时留下的“标新立异，自圆其说”八个大字，写在黑板上，也刻在我的心上。年岁越长，越感到知识有所创新不易，生命活出新意更难，唯有“苟日新，日日新，又日新”地永远坚持，以期无论以何业为依托，此生绝不虚度。

中国人民大学出版社
2014年5月版

本书的初版是1993年对外贸易教育出版社出版的《心灵的轨迹——中国本土心理学论稿》。之所以取这个书名，有两个重要的原因。其一，本书的任务是探索中国心理学史发展的历史轨迹，当然在某种程度上也是我们先人们思想发展的轨迹。其二，本书也可以视为我关于心理学史领域学术研究的轨迹，及我自己的心灵的轨迹。

2004年人民教育出版社出版《朱永新教育文集》时，书名中的“论稿”变成了“研究”，在内容上没有很

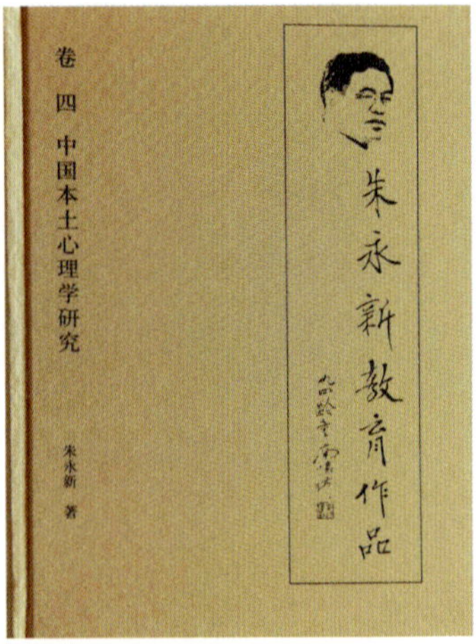

中国人民大学出版社
2014年5月精装版

对外贸易教育出版社
1993年版

大的变动。2010年中国人民大学出版社出版《朱永新教育作品》时，更名为《中国本土心理学研究》，增加了个别章节。那次修订这本书的时候，我曾经说过，希望退休以后能够有时间做自己喜欢的事情，包括研究中国心理学史。因为作为这个学科曾经的最年轻的拓荒者，我对它的确是情有独钟。

这些年来，虽然一直关注着中国心理学史的学科发展，也阅读了不少近年来年轻学者的著作与论文，但我不得不承认，我的确已经离这个学科越来越远，自己差不多成为“明日黄花”了。退休以后能不能重操旧业，真的成为一个未知数。

2014年在为这本书的英文版写序言的时候，我这样写道：“这本书翻译出版，对我而言的意义尤为不同。它让我对自己曾经的研究，有了一次重温和反思的机会，也让中国心理学研究与西方同行多了一次碰撞与交流的机会。教育的一大目的，就是让人与人之间学会互相理解。相信中西方在不同心理学体系上互相的学习与借鉴，将有助于人类对未来教育的进一步探索。”

卷五　教育心理学论稿

中国人民大学出版社
2014年5月版

我是从心理学的研究进入教育学领域的。

由于中国“文化大革命”造成的人才断层和短缺，大学三年级时，我被选拔为未来的教育心理学教师，送往上海师范大学进修学习。在那里，我遇见了自己的导师燕国材先生，以及一批著名的心理学家，如李伯黍、吴福元教授等。由此，开始了我的心理学研究工作。

这本《教育心理学论稿》是我多年从事教育心理学研究的主要成果汇集，其中有许多是我比较珍爱的文章。这些文章背后，是我一路成长的历程。我对这些文章有着非常特殊的情感。看着这些文章，我似乎回到了那段全身心投入、疯狂研究与写作的岁月。

中国人民大学出版社
2012年1月版

第一辑《学校心理咨询》是1988年写就、1990年由江苏教育出版社出版的同名小册子。这本书是中国较早的一部关于学校心理咨询的著作，我也是最早在中国大学开办心理咨询中心的学者之一。

第二辑《学生心理通讯》的主体是1986年由上海人民出版社出版的《增进你的心理健康》一书中由我执笔的部分，那是我与袁振国教授合作撰写的一本书。当时我们应中国青年报、南京日报等媒体之邀开设了青年心理通讯的专栏，后来由上海人民出版社结

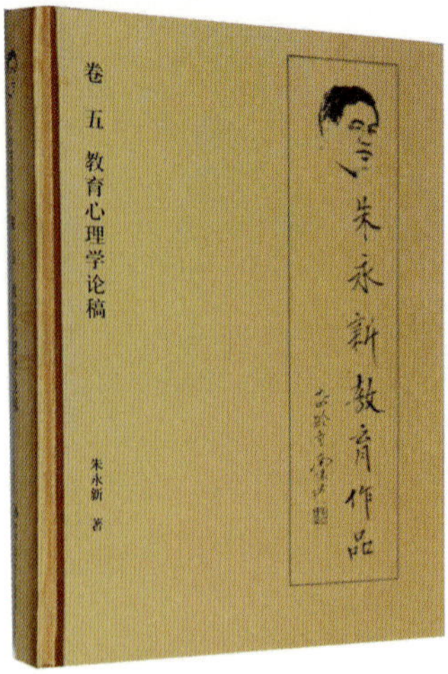

中国人民大学出版社
2014年5月精装版

集出版，作为该社“青年之友丛书”的一种，曾经被评为上海市市民“最喜欢的十本书”之一。

第三辑《学习心理研究》是我多年从事学习心理研究的论文集，其中既有我发表的第一篇学术论文《张载的学习心理思想》，也有我关于合作学习、潜课程等相对前沿问题的思考。

这本《教育心理学论稿》是在2004年人民教育出版社出版的《校园守望者——教育心理学论稿》的基础上修订的。2010年中国人民大学出版社出版《朱永新教育作品》时做了修订，2013年再次修订，增加了部分内容和主题索引、参考文献。陶新华博士在修订过程中给予了许多具体帮助。

20世纪90年代以后，教育心理学有了很大的发展，特别是脑科学和积极心理学的成果，极大地丰富了教育心理学的学科内容。令人遗憾的是，由于我工作的变动，时间和精力受到很大制约，无法对书稿做太大的修改补充。

卷六　我的教育理想

《我的教育理想》出版十五年了。完成这本小书的场景，仍然清晰地记得。那个世纪之交的夜晚，我和几个研究生在研究室工作到早晨四点多。回到家仍然无法入眠，即兴写下了这本书的序言《教育的理想与理想的教育》，完成了这本书最后的文字。

这本书最初的版本是南京师范大学出版社出版的“21世纪管理者文库”中的一种，分上下两篇。上篇分别讲述了我心中的十大教育理想：理想德育、理想智育、理想体育、理想美育、理想劳动技术教育、理想学校、理想教师、理想校长、理想父母和理想学生。下篇分别研究了教育现代化与人的现代化、科学发展观与教育改革、教育创新与创新教育、教育与中华民族凝聚力以及高等教育、课程改革、道德教育、教师教育的改革与发展趋势，最后对中国教育的未来进行了展望。

这本书最初是从我200篇学术论文中精选出来的，但我不想把它编成“文集”，而试图用“教育理想”这个主题来编选，故而舍弃了一些我比较珍爱的论文。其中有一些文章是当时为本书专门撰写的，是我用口语化的形式表达教育思想的尝试，系统地表达了我对于教育理想的基本观点。有的文章是我对教育活动中若干重要问题的思考。

我在这本书的初版后记中说，这本书不仅是我20年教育研究成果的“盘点”，也是我对中国教育思考的世纪末“盘点”，更是新教育实验的“起点”，同时又是我献给新世纪的礼物，献给中国教育的礼物，献给所有关爱和帮助过我的领导、亲人、友人、师长和弟子的礼物。

这本书出版以后，受到了广大中小学教师的欢迎，一年内重印四次，被评为2001年江苏省唯一的教育理论畅销书。新华社、中央电视台、江苏电视台、中国教育电视台、江苏教育电视台、人民日报、光明日报、中国教育报、教育研究杂志、人民教育杂

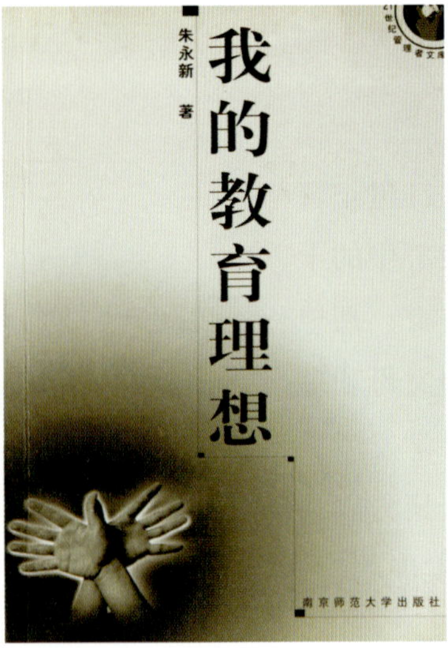

中国人民大学出版社
2014年5月精装版

南京师范大学出版社
2011年7月版

志、新华日报、北京晚报、江苏教育杂志、新教育周刊、江苏工人报、重庆时报等20多家新闻媒体纷纷给予报道，从著名的教育家顾明远、班华、朱小蔓、袁振国、李吉林，到许多普通的中小学教师，都给予了热情洋溢的评论。有些学校将全书或者部分章节翻印给全体教师，作为学习资料；有些学校组织讨论，撰写学习体会；教师博览杂志、人民政协报、文汇报等也相继转载和刊发摘要。山东的一位老师告诉我，有一所学校的校长因为买不到书，就复印了近百本发给老师。湖南浏阳的一位教育局局长告诉我，他们为6000名教师每人发了一本。我去讲学时才发现，这6000本书全部是盗版。更加让我感动的是，许多学校把《我的教育理想》中的一些话语，尤其是关于理想教师的话语，制作成语录贴在墙上，作为教师的座右铭。

这本书出版以后多次修订。2002年，人民教育出版社将

《我的教育理想》一书的十个教育理想结集出版，同时将袁卫星先生撰写的新教育实验的报道作为附录，更名为《新教育之梦》。2004年，人民教育出版社在出版《朱永新教育文集》时，又修订增补为《新教育之梦——我的教育理想》。这是《我的教育理想》的第三版。2007年，漓江出版社以《新教育之梦》为底本，结合我的文章选编了一本《走近最理想的教育》，这本书可以视为《我的教育理想》的第四版。漓江出版社的责任编辑文龙玉老师调到文化艺术出版社工作以后，把这本书又带到了新的出

文化艺术出版社
2011年9月版

漓江出版社
2009年4月版

漓江出版社
2014年8月版

版社，在2010年出版了《我的教育理想》的插图版。2010年，中国人民大学出版社出版《朱永新教育作品》再次收入，作为这本书的第六版进行了新的修订。2014年在出版麦克劳希尔的英文版时，再次进行了增补修订，增加了主题索引和参考文献，调整了部分章节。

据不完全统计，各种版本的《我的教育理想》重印30余次，总印数超过了20万册。在2008年《中国教育报》评选的中国教师最喜欢的教育理论图书中，包括这本书在内的《朱永新教育文集》名列榜首。

这本书第一版的责任编辑戴联荣先生和美编朱嬴椿先生使本

书以最快的速度、最好的装帧与读者见面。写作和修订工作也得到了许多朋友和学生的帮助。杨树兵、任苏民、李镇西、尹艳秋、郭彩琴、朱寅年等先后协助我做了大量工作。

卷七 我的阅读观

这本书2012年初版，2014年修订再版，是我关于阅读的系统思考与总结。

本书共五章，讲述了我关于阅读的五个基本观点：一个人的精神发育史就是他的阅读史；一个民族的精神境界取决于这个民族的阅读水平；一个没有阅读的学校永远不可能有真正的教育；一个书香充盈的城市才能成为美丽的精神家园；共读、共写、共同生活。这五句话，大致构成了我的阅读观。这也是新教育实验的阅读观。

中国人民大学出版社
2012年1月版

本书是《朱永新教育作品》最后完成的一部。作品集的大部分是根据原来先后出版过的著作修订的，唯有这本《我的阅读观》，是重起炉灶、专门整理。虽然过去有过不少关于阅读的文字，但毕竟还不够系统完整。所以，这次整理时又请我的朋友和学生帮助做了不少工作。

朱寅年先生用了近一年的业余时间帮助我整理作品集，尤其是这本《阅读观》，他帮助我收集了散在文集、书稿、报刊、网络上关于阅读的文字，在我们讨论的框架下分类整理，核对材料，校改文字，做了大量工作。

我的几位博士生，尤其是卢峰和杨再勇两位博士，也为本书做了很大的贡献。本书的引言和关于学习型城市、学习型企业的部分内容，是我与他们合作的成果。

全书定稿以后，新教育的义工童喜喜主动请缨，帮助通读了书稿，使书稿得到了进一步的修订与完善。喜喜长期从事儿童文学创作与阅读推广工作，对于阅读有许多真知灼见。她的参与，使这本书以更加美丽的面容出场。

这本书出版以后受到广泛关注与好评。荣登《光明日报》的“光明好书榜”。不到一年，已经5次加印。2013年，为了配合英文版的出版，进行了第二次修订。这次增加了一个主题索引和参考文献。前者可以更方便读者根据主题索引查阅书中的内容，而后者不仅是我在写作时查阅的文献，也为大家提供了一个研究阅读问题的初步资料。同时，对其中一些文字做了修改。删除了原附录1和2，将附录3的题目改为《朱永新阅读叙事》。

应该说，我对阅读的关注由来已久。早在1993年，我就在苏州大学建立了大学生必读书制度。1995年，我组织苏州大学的教授和全国的知名学者开展了中小学生和教师阅读书目的研究与推广工作，策划出版了“新世纪教育文库”。

2000年新教育实验诞生后，我也一直对新教育的朋友们

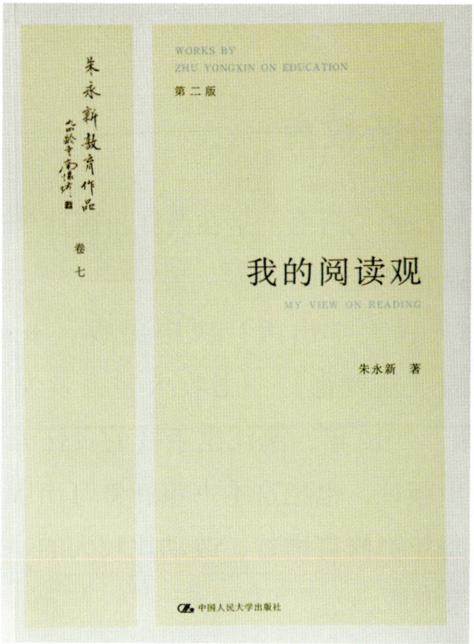

中国人民大学出版社
2012年1月版

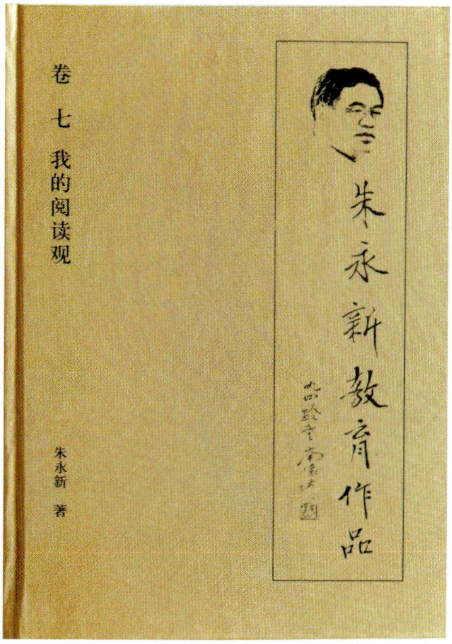

中国人民大学出版社
2014年5月精装版

说，即使新教育只做阅读这一件事，能够真正推动书香校园和书香中国的建设，从而推动我们国家的全民阅读，已经非常了不起。

2013年，我被国家新闻出版总署聘请为全民阅读形象大使。新教育研究院的新阅读研究所被腾讯网评为“最具价值阅读研究机构”。

阅读丰富了我的人生，改变了我的命运。我希望把我的喜悦与幸福跟更多人分享，一生乐做阅读推广的志愿者。

卷八　中国新教育

这本书是新教育的入门书，是在漓江出版社2009年版《新教育》一书的基础上修订而成。

2010年中国人民大学出版社决定出版《朱永新教育作品》，将漓江版的《新教育》一书收入并更名为《中国新教育》，是为第二版。2012年，漓江出版社的责任编辑文龙玉老师调任文化艺术出版社，也把这本书重新修订出版，是为本书的第三版。此后每年都修订增补，改动比较大的一次是中国人民大学出版社的第四版。

中国人民大学出版社
2012年1月版

全书共16章。第一章《走进新教育》分别介绍了新教育是什么、新教育在哪里、新教育精神，新教育实验的创新特征、历史渊源、缘起和愿景；第二章《新教育的学理基础》介绍了新教育的发展论、行动论、状态论、潜力论、个性论、崇高论、和谐论等哲学、心理学、伦理学的基础；第三章《新教育与中国文化》介绍了中国文化的根本精神和新教育的文化使命；第四章《新教育的四大改变》介绍了新教育在改变教师的行走方式、学生的生存状态、学校的发展模式和教育的科研范式方面的主张；第五章《新教育的十大行动》介绍了新教育关于营造书香校园、师生共写随笔、聆听窗外声音、培养卓越口才、构筑理想课堂、建设数码社区、推进每月一事、研发卓越课程、缔造完美教室、家校合作共建等十

大行动；第六章《新教育的儿童课程》介绍了晨诵、午读、暮省的儿童生活方式和读写绘、儿童阶梯阅读；第七章《新教育与教师成长》介绍了新教育关于职业认同与专业发展的教师成长论，对专业阅读、专业写作和专业发展共同体进行了阐述；第八章《新教育的理想课堂》分析了新教育实验理想课堂的六个维度和三重境界：落实有效教学框架、发掘知识这一伟大事物内在的魅力和知识、社会生活与师生生命的深刻共鸣；第九章《新教育的完美教室》介绍了新教育完美教室的内涵与价值、文化构建、道德图谱、课程建设和生命叙事；第十章《新教育的学校文化》分析了新教育学校文化的共性与个性，对使命、愿景、价值观、校风、校训、制度、仪式、节日和庆典、建筑、故事等学校文化要素进行了讨论；第十一章《新教育的每月一事》介绍了从让我们学会吃饭、不闯红灯到笑着和别人打招呼、每天记录自己的生活等12个月的新教育学校的主题教育活动；第十二章《新教育的九大定律》讲述了态度决定一切、说你行你就行、体罚近乎无能、读书改变人生、课堂属于学生、性格主宰命运、特色就是卓越、理想创造辉煌、爱心产生奇迹等新教育的九大教育原理；第十三章《新教育的家教主张》讲述了没有父母的成长就没有孩子的成长，品德重于学问、状态大于方法，把童年

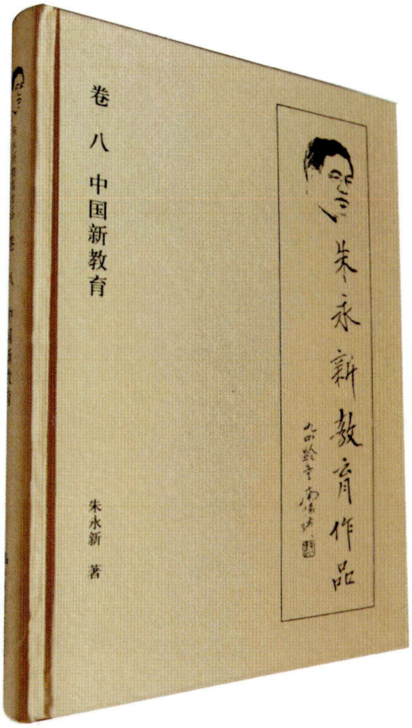

中国人民大学出版社
2014年5月精装版

还给孩子，无限相信孩子的发展潜力等新教育的家庭教育思想；第十四章《新教育的管理法则》介绍了“底线＋榜样”、从优秀到卓越等新教育的管理主张，以及新教育实验区的管理方法；第十五章《新教育的公益行动》讲述了新教育的公益理念、公益情怀和公益活动；第十六章《新教育的社会评价》分别介绍了媒体、专家、教师和领导眼中的新教育。全书有三个重要附录：一是《“新教育实验”入门指南》，二是《“新教育实验”网络师范学院招生简章》，三是《“新教育实验”大事记》，同时附有参考文献与主题索引。

作为中国民间的一个草根教育实验，新教育实验从2000年启航，经历了十多年的时间。实验的学校，也从当初一所实验学校的规模，发展到今天的2246所、220多万教师和学生参加了实验。实验真实促进着教师和学生的发展，受到了国内外的广泛关注。

这本书与其说是我“写”出来的，不如说是新教育人“干”出来的。作为一个成长中的开放的教育实验，每一年，新教育都有新的故事、新的传奇。因此，这本书也必须无止境地修订下去——文字的更迭，是我们正以行动在书写。

卷九　新教育讲演录

三十多年来，我先后在中国各地的大中小学、政府机构以及各种论坛做的讲演有近千场了。尤其是在本世纪初叶新教育早期的发展阶段，我几乎每个周末都在全国各地“煽风点火”，宣讲新教育的理念与行动，许多新教育的实验区和学校，就是听了我的讲演以后参加新教育的，对新教育实验的发展，起到了重要的推动作用。

近几年来，也经常应国内外教育机构和政府部门之邀，就一些宏观教育改革问题发表演讲。这本书主要选择了与新教育实验相关的内容，同时保留了少数几篇早期的讲演录。为了方便读者，这本讲演录按照新教育实验发展的历程，从主题和时间两个维度对讲演做了整理。全书按照新教育实验、微观教育问题和宏观教育问题三个部分，每个部分按照讲演发生的时间顺序排列，这样可以看到新教育实验本身发展的脉络，也可以看到我思想形成与发展的过程，看到我关注教育问题的变化轨迹。

这本讲演录，是在《过一种幸福完整的教育生活——朱永新教育讲演录》（华东师范大学出版社2008年版）和《教育的使命——朱永新教育讲演录》（山西教育出版社2011年版）两本书的基础上修订而成。考虑到需要避免与全套作品集其他各卷内容的重复，关于新教育的部分讲演如《新教育精神》《家庭教育的八大理念》，以及关于阅读的部分讲演如《阅读与中国教育改

中国人民大学出版社
2014年5月版

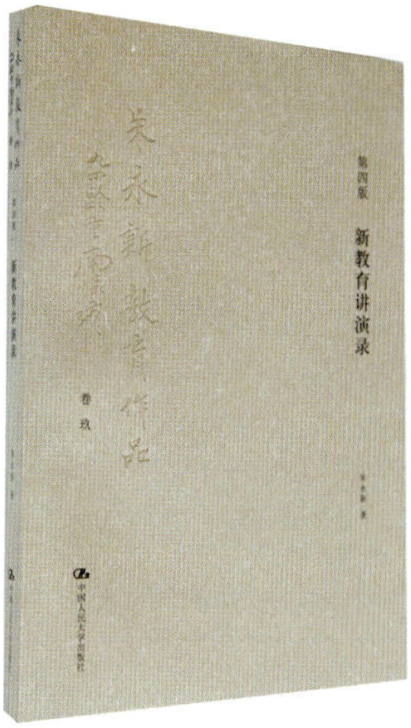

造》《我们为什么要研制小学生基础阅读书目》等，都分别收录在《中国新教育》和《我的阅读观》两本书中了。

要特别感谢我的听众朋友。讲演永远是讲者与听众的互动，没有他们的参与，就不会有这本讲演录的问世。保守一些计算，三十多年来，如果以平均每年30场讲演，每场1000人来统计的话，至少也有近百万校长、老师听过我的讲演了。至于通过视频、录像听过我讲演的人，就更多了。

现在，我希望这本书成为一个媒介，一座桥梁，希望作者与读者的互动由此展开。新教育，是正在发生的故事。所以，这本书也只是反映了新教育的一段旅程。不断地探索跋涉，是新教育的使命；不断地修订完善，是这本书的宿命。故事还在继续书写，征途仍在脚下延伸，我关于新教育的讲演，也会继续下去。

中国人民大学出版社
2012年1月版

我也要特别感谢这本书的读者。这些讲演稿，这些以文字凝固的声音，是新教育的一路言说，更是新教育的声声召唤。真诚地希望，阅读了这本书的您，能从这本书的关注者成为新教育的参与者，让我们共同探索教育的美好明天，携手共圆新教育之梦。

卷十　新教育对话录

这些年来接受了数百家媒体的采访。尽管在中国坊间流传着“防火防盗防记者”的训诫，也有好心的人经常劝我少说话，少出头，少接受采访，但我还是喜欢与媒体的朋友们交流。因为，一个人是一个世界，职业特点更让优秀的媒体人成为汇聚世界精彩的万花筒。从优秀的媒体人身上，我们真的可以学到很多。他们观察问题的方法，他们思考问题的角度，经常让我耳目一新。

一般情况下记者有两类，一类记者是不动脑筋的，他们往往喜欢拿着现成的新闻“通稿”，到会场转一下，从通稿上抄一些文字，应付差事，或者根本没有系统地看过你的材料，没有做任何预习的“功课”，就来采访你，让你从头开始说起。对于这样的记者，我基本没有讲话的愿望，往往敬而远之。

另外一类记者是非常用心的，在采访之前，他们往往比较全面地阅读了你的文字和关于你的文字，熟悉了你的基本情况；他们提出来的问题也别具匠心，是你很少认真思考的，或者一针见血直指你的薄弱环节，入木三分。他们能够发现你自己都没有发现的东西，能够丰富你的思想，开阔你的胸襟。幸运的是，我遇到过不少这样的记者，如原《南风窗》的首席记者章敬平先生，在走近新教育以后，他提出这是“中国的新希望工程”，是“心灵的教育”，为新教育的发展定了位、把了脉。因此，我不愿意放弃与那些

中国人民大学出版社
2014年5月版

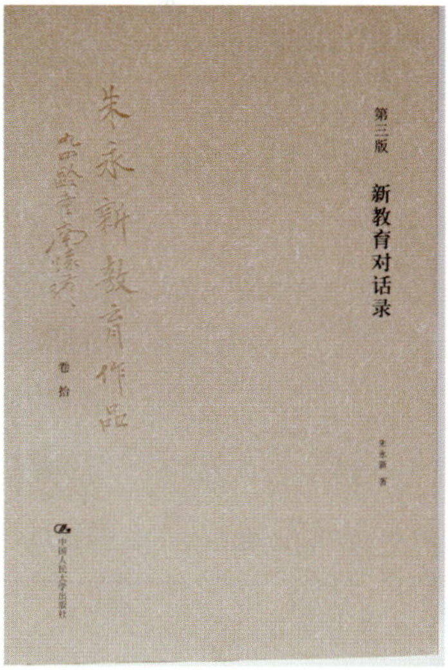

中国人民大学出版社
2014年5月精装版

有思想的媒体人的对话，许多媒体人也成为我生命中不可或缺的重要朋友。

在我生命成长的历程中，尤其是新教育发展的十四年历程中，许多媒体朋友与我们一路同行，为我们加油喝彩，为我们把脉诊断，事实上他们许多人已经是新教育的一分子。

我要特别感谢《南风窗》的章敬平，《中国青年报》的谢湘、李斌，《人民日报》的温红彦、吴焰，《光明日报》的汪大勇、王庆环、朱庆国，《财经》的马国川，《人民政协报》的贺春兰，《中国教育报》的翟博、俞水，《教育研究》的高宝立，《新华日报》的任松筠，《教师博览》的薛农基……请原谅我无法一一写出他们的名字，否则这里会是一长串的姓名排列。但是，这些名字，已经写在新教育的历史上，我更会把这些名字深深地印在心里。

这本书的第一版是山西教育出版社2011年出版的《教育的承诺——朱永新教育访谈录》。同一年中国人民大学出版社出版《朱永新教育作品》时，更名为《朱永新教育对话录》。2013年为配合英文版的翻译再次修订出版。现在的第三版一共收录了55篇访谈。限于篇幅，有许多精彩的访谈，尤其是内容相似的对话采访，只能忍痛割爱。记得这本书出第二版的时候，有读者问我为什么叫《新教育对话录》而不叫《新教育访谈录》，这是一个非常有趣的问题。在我看来，访谈，更多是媒体与采访对象进行的被动式的应答；而对话，是基于平等立场的主动的思想交流。本书中的这些对话者，除了大部分是媒体朋友外，也有些是著名的教育家，如与朱小蔓教授关于情感教育的交流，还有与中学生的沟通等。无论对话的对象是谁，“三人行必有我师”的感受始终如一。

我经常说，教育其实也是一种对话。教师与学生之间，学生与学生之间，甚至父母与孩子之间，通过共读、共写、共同生活，通过对文本的共同学习，在课堂上或者其他的场合进行对话。好的对话，是精神棋逢敌手的较量，是思想酣畅淋漓的交锋，是碰撞，也是激荡，是挑战，更是共鸣，最终才会抵达和而不同之境，顿生“听君一席话，胜读十年书”之感。好的教育，也应该如此。

中国人民大学出版社
2012年1月版

卷十一　走在新教育路上

这不是一本简单的书。它是一段旅程，记录着我与新教育人携手逐梦的一段岁月。它不仅在稿纸上用文字写就，而且在大地上，用一串深深浅浅的脚印踩出。

2000年，《我的教育理想》一书正式出版，一个变革的新教育之梦悄然萌芽。

2002年，新教育从中国苏州一所学校悄然起步。

2014年，新教育已经陆续在中国29个省份2246所学校扎根，成为中国规模最大的民间教育实验。

十几年来，新教育埋首耕耘，从未懈怠，从未停歇。

这些年，新教育汇聚了不少优秀的人才。因为拥有一个共同的梦想，在各种因缘际会下，大家走到了一起。我们将自己的生命倾注其中，既让新教育得以发展，也让自己得到成长。我的这本书，就记录着这些最可爱的人在新教育团队中写下的传奇故事，也记录着新教育这些年筚路蓝缕的曲折经历。

中国人民大学出版社
2012年1月版

这本书是关于新教育实验的纪实性文字，记录了十四年间我经历的新教育的人与事。全书以新教育的发展历程编排。人物出场的次序，也基本上按照他们在新教育舞台上亮相的先后安排。所以，有些文章虽然成文较晚，但是仍然把这些文字放到了他们出现时的那个时间段。书中的一些人物，有的已经暂时离开了新教育的队伍，或者从过去的主角变成了今天的配角，但是新教育会永远记住他们。

这些文字是在新教育发展的历程中随时记录的，具有“原生态”的特点，在收入本书时，除个别人物和主题因为在不同时期写过不同的文章，需要重新整合以外，大部分文章保持了当时的面貌。还有许多新教育的文章，因为已经收到了《中国新教育》等书中，这里就不再收录。考虑到内容的相对完整，收录了从2006年至2011年新教育年会主报告的摘要。

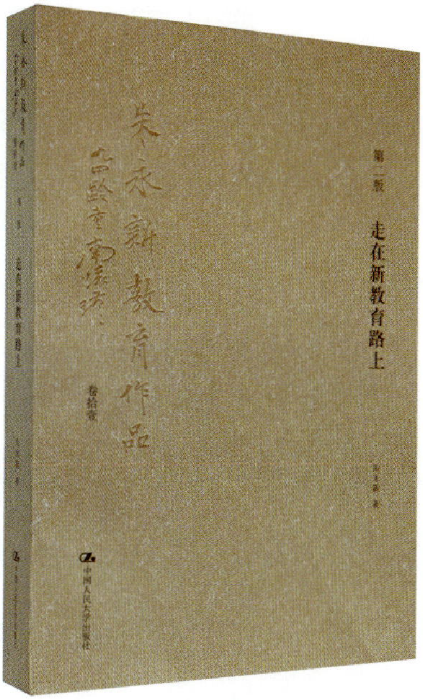

中国人民大学出版社
2014年5月版

新教育是一条道路。新教育人在这条路上探索着，前行着。新教育人这一路收获着沿途美景，新教育人探索的身影，也成为风景中的一部分。我用我这愚钝的笔，仓促记录着这一路遇到的人与事，这本书再厚，却也终归挂一漏万。在这条路上，有笑有泪，有聚有散，都是新教育永远铭记、永远感恩的一部分。

我知道，新教育是一次没有终点的跋涉，因为我们的方向永远是更加美好的明天。我也知道，这同样是一条无限欢喜的历险，因为我们的幸福就在这行动着的每一个今天。

卷十二　写在新教育边上

不记得是谁曾经说过，一切都会死去，只有文字是永恒的。我不是听到这句话才开始写日记，但我从自己写日记的过程中，的确感受到文字的这种特殊的力量。

大概从19岁开始，我一直坚持记录自己的生活，有时详细一些，有时简略一些。开始断断续续，后来则坚持不懈。几十年积累下来，越来越发现这样做的意义：不仅可以随时记录自己成长的足迹，而且可以不断与自己对话，发现一个真实的自我，催生一个更好的自己。

中国人民大学出版社
2012年1月版

后来，我把这个做法延续到儿子身上。在我的建议下，他进入小学以后也坚持写日记。结果他在中小学期间就先后写下了《老虎拉车我敢坐》《背起行囊走天下》《我和老爸是哥们》《梦之队》等一系列作品。遗憾的是，写日记最终没有成为他的生活方式。进入大学以后，由于身体等各方面的原因，他没有坚持这一习惯。

2000年新教育实验在中国推广以后，我又把这个做法介绍给一线的老师们。我开设了一个“朱永新成功保险公司”，要求老师们坚持写教育叙事，认真记录自己的生活。所以，新教育实验倡导的“师生共写随笔”，在一定意义上也是我个人经验的体现。我坚持认为，阅读与写作，是教师成长，甚至是所有人发展的两个最重要的途径。如果说阅读是站在大师的肩膀上前行的话，写作，其实就是站在自己的肩膀上攀升。

就这样，平日零零星星的记录和写作，积累起来竟然也非常丰富。特别是有了博客、微博这样的新媒体，更方便把自己的思考和记录随时与大家分享。所以，这些年我陆陆续续出版了一些随笔集。如果说最早出版的《心理世界窥探》《增进你的心理健康》更多属于心理学的学术随笔的话，2003年四川教育出版社出版的《享受教育》，应该是我的第一本教育随笔。以此为基础，人民教育出版社出版的《享受与幸福》则系统地收录了我关于教育的随想。2005年开始，福建教育出版社、华东师范大学出版社、安徽教育出版社、教育科学出版社、山西教育出版社等先后出版了我的多本教育随笔集。

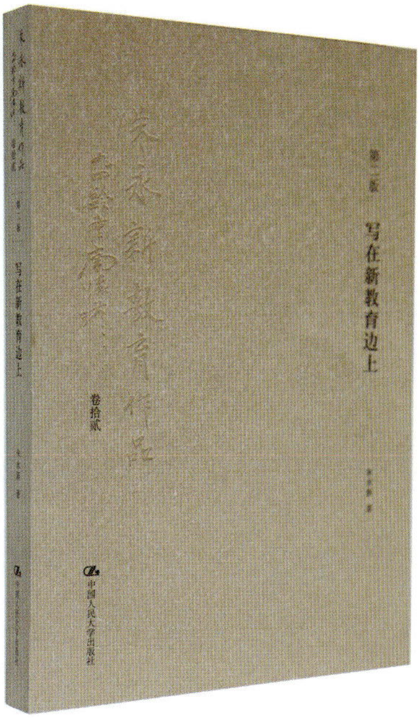

中国人民大学出版社
2014年5月版

这本书，就是从我历年的随笔中，选取了我自己相对满意的一部分文章，它既是我多年来思考教育问题的记录，也是我行走教育的写实。其中，有感悟成长的心得，有怀念亲友的思绪，有针对时弊的批评，有畅想未来的蓝图。

这本书的第一版是华东师范大学出版社的《写在新教育的边上》，2011年中国人民大学出版社出版《朱永新教育作品》时修订增补以后，以《写在新教育边上》一字之差的书名出版。2014年根据麦克劳希尔英文版的要求再次进行了比较大的调整，是为现在的第三版。

我一直认为，新教育是我的天命，我所有的一切都是为了新教育而存在。我另有一本随笔集叫《走在新教育路上》，是直接记录新教育的历史，所以这本书就仍以《写在新教育边上》为书名。

对读者朋友而言，可以通过这本书观察到一个教育学者的日常生活，以及一群教育工作者的生存状态。

华东师范大学出版社
2006年12月版

卷十三　中国教育观察

作为一个20世纪80年代初大学毕业，长期从事教育研究的学者，30年来我通过调研、会议、演讲、支教等各种形式，走遍了祖国大江南北所有的省份，考察了1000余所学校，从北京四中、人大附中、台北薇阁、苏州十中这样的名校，到延安老区、贵州山区的农村学校。

中国人民大学出版社
2012年1月版

这样的行走让我知道，中国如此之大，不仅教育公平和均衡发展应是政府教育政策制定的主要出发点，而且任何教育政策的制定都必须因地制宜。这样的行走也让我发现，尽管中国教育面临着重重困难，但是办法总比困难多。在一线教育工作者的身上，就蕴藏着无限的创造力量。

2010年这本书最初出版时的书名叫《教育如此美丽——朱永新中国教育观察》。2011年中国人民大学出版社出版《朱永新教育作品》时，对本书进行了修订，并更名为《中国教育观察》。著名作家赵丽宏为这本书撰写了《人生处万类，知识最为贤》的序言。2014年的第三版是根据英文版的要求修订的，增加了部分内容、参考文献和主题索引。

这本书分为九个部分。第一辑《塞北江南》介绍了陕西定边与延安、浙江苍南、江苏宝应翔宇、湖南岳阳、四川北川等地的教育情况；第二辑《行走甘黔》讲述了我在甘肃武威，贵州黔西南、凤

中国人民大学出版社
2014年5月版

冈、毕节等地考察的故事；第三辑《北京印象》是我对于北京四中、人大附中、十一学校等深度的观察记录；第四辑《山西考察》是我对山西前元庄、长治、大同等地农村教育的调研手记；第五辑《黑龙江行》是我陪同全国人大常委会副委员长严隽琪在黑龙江进行《义务教育法》执法检查的观察记录；第六辑《江苏探访》是我随同全国人大教科文卫体委员会在江苏进行职业教育立法调研的笔记；第七辑《魂牵苏州》讲述了我在苏州担任分管教育的副市长时深入学校的一些故事；第八辑《再访港澳》记录了我与几位港澳教育家交往的往事；第九辑《台湾掠影》则记录了我几次在台湾考察不同类型的学校，与教育界人士交流的体会。

这既是一本教育“游记”，更是一本教育“调查”。通过这本书，通过对一个个区域、一所所学校的记录和剖析，窥一斑而知全豹，读者朋友们可以大致了解中国大地上正在发生的教育故事。

卷十四　外国教育观察

他山之石，可以攻玉。教育是精神传承与创新的过程，人类为此所面临的问题往往是共通的。所以，作为后发国家，研究和学习世界先进国家的教育经验，避免走人家曾经走过的弯路，非常重要。

这本《外国教育观察》2012年首版，是在2003年人民教育出版社出版的《反思与借鉴——中外教育评论》的基础上编辑而成的。但是，新版的《外国教育观察》其实只保留了原书关于日本教育、比较教育和教育思想几个部分的内容，关于国外教育考察的手记部分原书中未曾收录。

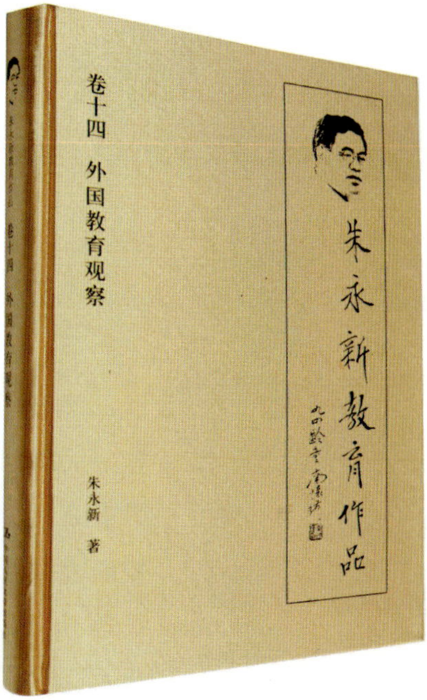

中国人民大学出版社
2014年5月版

由于篇幅的限制，在作品集中只能够有一册反映自己对于国外教育的观察与思考，所以在整理成书的时候，把国外教育考察的手记这种散文的体裁和研究论文的体裁合二为一，风格上不是十分统一、和谐。好在散文也好，论文也罢，都是对国外教育的观察和思考，在同一个主题下也是可以接受的。

全书共分六章。其中第一章《灿烂樱花——日本教育纪行》是我多次访日的教育手记。第二章《热情桑巴——南美教育印象》是我访问巴西、阿根廷、秘鲁等国家的教育手记。第三章《童话之境——欧洲教育考察》是我访问丹麦、挪威、芬

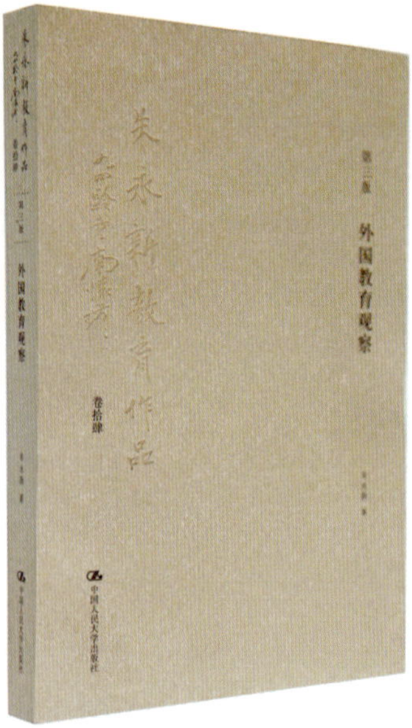

中国人民大学出版社
2014年5月版

中国人民大学出版社
2012年1月版

兰、德国、拉脱维亚等国家的教育手记。第四章《两个世界——肯、美教育手记》是我访问肯尼亚和美国的教育笔记。第五章《菊花与刀——比较教育研究》是我关于中、日教育比较研究的学术论文。第六章《聆听大师——教育思想分析》是我学习马克思主义经典作家和西方教育哲学的心得。

这本《外国教育观察》是2014年修订作品集的最后一部。修订工作断断续续持续了近一年的时间。近些年陆续考察英国、意大利、韩国、印度等国家的教育时，曾经收集了大量资料，本来准备陆续成文充实到这本书中，将这本书进行大幅度修订。由于事务繁忙，实在抽不出整段的时间写作，只能够留待日后再说了。

卷十五　中国教育评论

这本书是全面记录和反思当代中国教育现状的著作。从整体来看，大部分内容是讲问题、找缺点、谈不足、论对策、提建议。

这本书，跨越了中国当代30年教育的历程。我是亲历者和见证者。

1990年我出版了一本小书《困境与超越——当代中国教育述评》。那是在一个特定时期出版的一本特别的书。我是流着眼泪写完那本书的。我为教育经费的“杯水车薪”而流泪，为我们教师的“老九咏叹调”而流泪，为父母的“家教幼稚病”而流泪。这本书可以视为本书的第一版。

中国人民大学出版社
2014年5月版

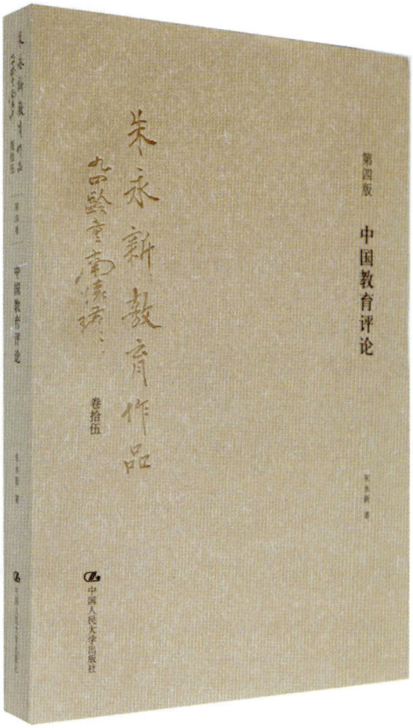

2003年，人民教育出版社准备出版我的十卷本文集的时候，我发现十多年过去了，虽然我们的教育有了长足的发展，但我在那本书中提出的问题依然没有得到根本的解决，甚至有些问题还在继续恶化，比如东西部的差距、城市与农村的差距、基础教育中学校与学校的差距等不是缩小了，而是继续扩大，学生负担、家长负担也是有增无减等等。一切的一切，还是让我心忧。所以，当时增补了1990年至2000年中国教育发展的一些重大问题，又用十章的篇幅对20世纪90年代的中国教育情况进行了全面的梳理和总结，书名

中国人民大学出版社
2012年1月版

稍做调整，改为《困境与超越——教育问题分析》，是为第二版。

2010年，中国人民大学出版社决定出版16卷的《朱永新教育作品》，希望我再次把那本书收录其中。于是，我邀请朱寅年先生协助我继续修订，并最终更名为现在的《中国教育评论》。在16卷作品中，这本书的修订量最大，因为要补充21世纪第一个10年中国教育问题的资料，增加的篇幅也近三分之一，是为第三版。

2014年，根据英文版的要求，对全书做了一些调整，增加了参考文献和主题索引等，是为第四版。

中国教育的确处于困境之中。有人说，这是中国教育最糟糕的时代，是人们对教育最不满意的时代。甚至还有人说，中国教育已经病入膏肓，无可救药。但是我认为，中国教育遭遇困境不假，超越困境仍然可能，我从来没有失去对中国教育的信心。

中国有1500万教师，有几亿孩子，虽然教师素养仍参差不齐，但他们之中仍有许多心怀理想的教师，把自己的心灵给了孩子，把自己的根扎在教室，有他们在，中国教育就有希望。而且，《国家中长期教育改革和发展规划纲要》已对中国教育的问题分析得相当清晰，对策也比较科学合理。

所以，我一直认为我们可以超越教育的困境，创造光辉灿烂的明天。当然，这不是一件轻而易举的事情。需要全社会教育素养的提升，需要根据教育的规律办事，需要每一个人的努力。

这本书，就是我为之努力的一种方式。这本书既是一本中国教育的问题叙事，也是一本中国教育的诊疗方案，既是我眼中的中国教育，也是我给这个教育开出的药方。也许这个药方不一定能够彻底救治我们的教育，但我相信，我的思考、我的探讨，对于本书提到的某些顽症，这个药方（也可能是偏方）多少是有作用的。

我希望中国30年来积累的各种教育问题不需要再用30年的时间来解决。我期待每一个孩子能够有机会接受基本均等的教育。我期待每一个老师能够在平凡的教育生活中收获尊严与幸福。我期待教育能够真正为人的生命奠基，让人生幸福完整。

卷十六 中国教育建议

这本书是我历年来在全国两会期间100余个关于教育的提案与建议的精选。

中国共产党领导的多党合作和政治协商制度，是中国的一项基本政治制度。作为“多党”之一的中国民主促进会的一员，从20世纪90年代初期开始，我先后担任过多届的苏州市、江苏省和全国政协委员，一直到2008年转任全国人大常委会委员。2013年3月，我再次担任全国政协委员。20多年的“政治生涯”，让我不仅亲历了中国政治生态的变化，也直接参与了许多政治事务、国家决策与法律制定过程。

2013年3月3日，全国政协开幕的当天，我在《人民日报》发表了一篇题为《你不称职意味着67万人缺席》的文章。我在文章中写道，一个代表或委员，作用可能很小，也可能很大；可能碌碌无为，也可能大展宏图；可能积极履职，也可能敷衍了事；可能用心准备议案、提案，也可能不费脑筋交白卷；可能畅所欲言、建言献策，也可能沉默寡言，高高挂起。而这个不同，就看有没有强烈的“角色意识”。所谓的角色意识，就是全身心参会，认真听取报告，认真审议讨论，认真阅读文件，就是认真写提案提建议，认真调查研究。

我谈了自己多年担任政协委员与人大代表的体会：也许小组多你一个少你一个问题不大，但是你的不称职就意味着67万人的缺席，你的失语就意味着67万人沉默。也许，小组发言时你没有特别的意见建议，但用心聆听别人的发言就是一种学

中国人民大学出版社
2014年5月版

中国人民大学出版社
2014年5月精装版

中国人民大学出版社
2012年1月版

习。也许，多提一个提案、建议不会影响大局，但一个又一个脚印才会踩出坚实的道路。

没有想到这篇文章引起了极大的反响，各大媒体纷纷转载和发表评论。用百度搜索“67万人缺席”这几个字，竟然达到了1222万条之多。有读者评论说：“这话说到了被代表的民众的心坎里。全国民众关注两会，不仅因为两会是中国政治、经济、文化政策的酝酿场，政策调整与走势攸关国计民生，也不仅因为两会是代表委员激辩的场所，道理越辩越明，改革共识越辩越清晰，还因为代表委员的议案、提案、建议、发言中，应该有民众的声音，民众希冀代表委员们把此前征集到的民声带上两会，为民众利益鼓与呼，民声、民意不能缺席两会。”

这篇文章，是我重新作为一名政协委员的履职宣言，其实也是我对中国教育建言献策的又一次自勉。多年来，我一直在两会这个平台上，立足于本职，立足于专业，为教育鼓与呼。仅仅在这一年第十二届全国政协一次会议上，我就提交了14份个人提案，如《关于设立“国家阅读节”的提案》《关于建立国

2012年1月《朱永新教育作品》16卷本首发式

家全民阅读指导委员会的提案》《关于加紧推进中小学生海洋意识教育的提案》《关于建设国家教育基础信息数据库的提案》《关于建立国家教育资源库，应对网络教育新挑战的提案》《关于进一步加强学校体育的提案》《关于解决农村艺术教师问题的提案》《关于加强县级教师培训机构建设的提案》《关于发展“第三方”教育考试与评价体系的提案》等，和以往一样，绝大部分都与教育有关。

这本书最早的雏形是人民出版社出版的《我在政协这五年——一个民主党派成员见证的中国民主政治进程》一书。2010年重新修订为《给中国教育的100条建议》，由新华出版社出版，受到了读者的普遍欢迎，2011年被评为中国最受大众喜爱的50本图书之一，同时被湖北省选为全民阅读推荐书目。

2011年中国人民大学出版社出版《朱永新教育作品》时，对全书进行了比较大的修订增补，更名为《中国教育建议》。2014年根据英文版的出版要求，增加了参考文献与主题索引，补充了2012年至2013年新的教育建议。

3　朱永新中国教育文集（3卷，日文版）

日本是我比较熟悉的国家之一。二十年前，我有幸曾在日本东京学习和生活过一段时间。樱花如云、枫叶似火的东瀛也是我魂牵梦绕的国度之一。虽然中日在现代历史和当代社会有着这样那样的恩恩怨怨，但是毕竟我们是一衣带水的邻邦，有着几千年友好交流的传统。

人是环境的产物。日本对于我的影响是巨大的。在那里度过的日日夜夜，在我今天的思想中还可以看到它们的影子。我今天思考着中国的教育，脑子里时刻会联想到我所看到的日本教育，我所参观过的日本课堂，我所认识的日本老师。当我看到日本乡村最好的建筑仍然是学校，当我读到战后的日本在吃不饱的情况下普及初中教育，令人非常震撼。为此，我曾和我的朋友们花费了近十年的时间，对日本教育做过解剖性的研究，当时我们的口号就是“用日本的方法研究日本”，最后以16卷，洋洋数百万字撰写了“当代日本教育丛书”，被时任日本教育学会会长大田尧先生赞誉为“以日本以外的文字创作的空前的壮举”，对中国的教育改革起到了一定的推动作用。

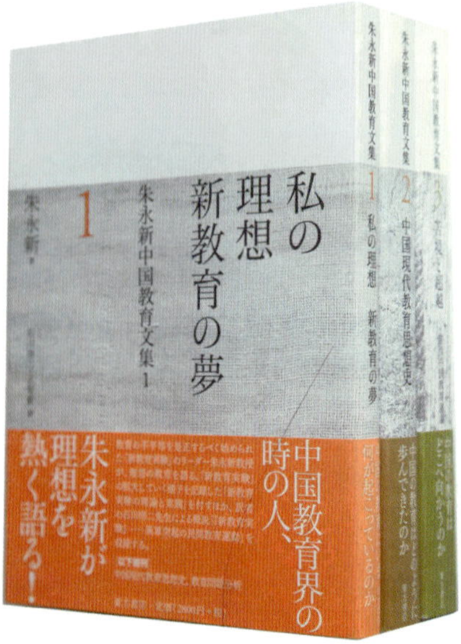

日本东方书店
2012年陆续出版

今天，我和中国的学者、教师一起在思考和摸索着进行新教育实验，这是一项伟大的工程。我们所进行的是一项草根教育运动、民间教育改革，与日本战后的“新教育运动”有几分相似。我认为，虽然各个国家的经济社会条件不同，教育制度不一，但是人的成长和培养还是有许多共同规律的，不论哪个国家的教育，除了有其本国、本民族的特性外，更多的是人类的共性。

要了解一个民族和国家，即使像日本这样一个和我们有着几千年交往的近邻，除了政治、经济、外交、文化等外，还得从教育学、文化人类学的角度去加以研究，展开交往。中日之间虽然有很多共同点，但相互之间的了解还是很不够的，所以，日本教育界的同人认为，仅仅单方面译介日本教育是不够的，应该翻译引进关于中国教育问题的著作，这样才能够有助于日本人民对中国教育的了解，更能推动大家对教育问题的思考。在日本东方书店社长山田真史先生、日本学习院大学石川启二教授、日本东京大学牧野笃教授和日本中日教育交流协会会长王智新教授等人的共同努力下，由东方书店陆续出版了三卷本的《朱永新中国教育文集》。

本文集由《我的教育理想——新教育之梦》《中国当代教育思想史》和《困境与超越——当代中国教育评论》三卷组成。

卷一　我的教育理想

——新教育之梦（私の理想新教育の之夢）

本书是人民教育出版社2004年《朱永新教育文集》第一卷的日译本。全书共十章，分别介绍了理想的德育、智育、体育、美育、劳动技术教育，理想的学校、教师、校长、学生、父母，书末有附录《新教育实验的理论与实践》。译者之一、日本山梨大学名誉教授石川启二为日文版撰写了《新教育实验——异军突起的民间教育运动》一文，详细介绍了新教育实验的背景、关于实验领导人朱永新、关于民间组织的教育活动、从应试教育到素质教育变化、作为理想共同体的网络——教育在线、最初的实验校——江苏昆山玉峰实验学校、另外一所模范学校——常州市湖塘桥中心小学、建立国家读书日——朱永新的梦想、在骂声中成长九个问题。译者后记介绍了翻译的过程和关于我们交往的经历等。

最后，要特别感谢东方书店把我的文集介绍给日本的朋友，感谢他们在出版过程中付出的辛勤努力。感谢石川启二教授、牧野笃教授和王智新教授，没有他们的认真、细致的工作，日文版也不会有如此好的品质。也要感谢日本的读者朋友们，希望大家从这些书中，能够了解中国教育的过去和现在，也希望大家为中国教育尤其是我发起的新教育实验，提出宝贵的建议。

日本东方书店
2012年7月版

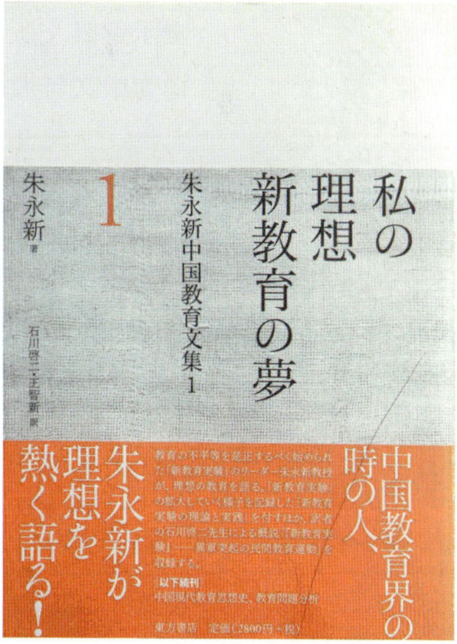

卷二　中国当代教育思想史（中国現代教育思想史）

这是我在人民教育出版社出版的《沟通与融合——中国近现代教育思想史》的日文版。译者是曾经翻译过《人性的证明》等畅销书的王智新教授。在日本早稻田大学举行的中日教育交流协会的一次会议上，我应邀做了《中国教育改革的现状与问题》的讲演，担任翻译的就是王智新教授。此后，我们成为非常要好的朋友，合作主编了“当代日本教育丛书”，撰写了一些介绍日本教育的论著。在翻译这套著作时，他又在工作十分繁忙的情况下承担了主要的任务，起了主要的协调作用。

王智新为这本书撰写了热情洋溢的译后记。为了使读者朋友了解日文版出版的来龙去脉，现将王智新教授的译后记全文译为中文与大家分享：

> 现呈献给您的是日文版《朱永新中国教育文集》第二卷。
>
> 在第二卷翻译结束时，作为译者我想谈一下自己的感想和日文版《朱永新中国教育文集》的出版意义。
>
> 我与朱永新的邂逅要追溯到20世纪90年代。那时朱永新应邀到日本东京的上智大学做研究。当时已在中国教育研究领域崭露头角的朱永新，不知为什么会到德国文学研究所来从事日本教育研究。有一次刚成立不久的日中教育研究会举办研讨会，邀请朱永新来做报告，介绍中国的教育改革情况。会场设在早稻田大学国际会议中心，国民教

育研究所的伊崎晓生所长主持会议，伊崎先生是日本首屈一指的教育行政和财政专家，我被指名担任大会翻译。我本人是个有志于日语和日本文化研究的青年教师，在国内大学执教，来到日本之后改行研究日本教育，专门从事中日教育比较研究。为此，对于中国教育，除了自己接受过的那几年教育以外，基本上是一片空白。

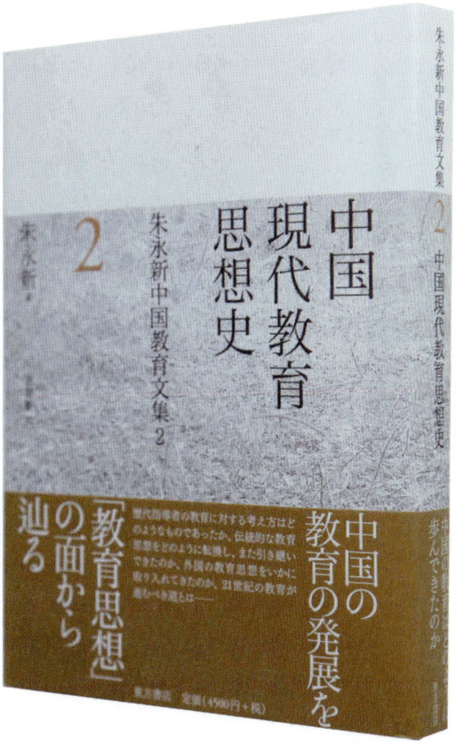

日本东方书店
2013年10月版

朱永新用生动的语言和大量的详尽资料、数据，对中国教育的各种问题及造成这一问题的原因进行剖析。深入浅出，鞭辟入里。他的报告具有强有力的说服力，给参会人员留下了深刻的印象。从那以后，我和朱永新在东京时常见面交换意见，就中国教育、日本教育及其他的一些相互关心的内容广泛地进行交流。不久，鉴于国内有关日本教育的信息和资料的匮乏，朱永新提议我们一起编写一套“当代日本教育研究丛书”，供国内有关人员参考。这个想法与我一拍即合，我们立即动手准备选题，制订编写规则，遴选编委和申请出版赞助。我们商量聘请日本国内教育界一流学者和中国的青年学者联袂撰写；计划从学前教育开始，小学到大学分阶段描写，再以教育管理、师范教育、社会教育等分专题研究，凡20卷，全景式地把日本教育呈现给读者。由于当时中国正处于百废待兴的初期阶段，尤其是教育界，教育现代化的号角已经吹响，但是对于什么是教育现代化，人们还十分迷茫。古代教育，社会主义教育和现代化教育的因素混合存在。教育思想，教育的方针理念直到方法、教学手段等各个领域乱象丛生，对国外的教育引介研究更是盲人摸象。在这一情况下出版系统和全面地介绍日本教育的“日本教育的丛书”无疑是非常必要和非常及时的，这不仅有助于中国人理解日本教育，而且对中国教育改革也产生了重大影响。

日本教育界泰斗，前日本教育学会大田尧会长在给日本国际交流基金会写推荐信介绍该丛书时指出：“对于一个特定国家的教育，动员如此大的人力进行纵横解剖分析，这恐怕是空前绝后的。”这就是朱永新的独创。我们原本打算撰写一本日本教育概览，对日本教育的方方面面进行简介。但是朱永新认为，这样的计划只能是隔靴搔痒，不仅执笔者会为选择题材，选择资料而困惑，读者更不会满足。国人渴望了解日本，渴望知道日本教育的迫切心情岂止是一卷概览所能满足的。他提出我们“应以日本的研究方法来研究日本”，也就是说，要把日本教育放到显微镜下，微观地、细微地来进行分析解剖。于是，从一本书的计划就扩充到20卷的丛书。

教育比较研究，根据研究的对象和目的不同，可以采取多种方法进行。其中有一种叫因素分析法，就是在分析时要对事物材料进行比较，通过描述、分析和综合、归纳演绎、分类类比，进而揭示教育的本质规律。通过对日本教育这一事物的相互关系和差异的比较，观察日本教育，分析日本教育的成功与失败，更好地认识事物的本质和教育的普遍联系，更好地认识中国教育状况，从而有助于获得新的发现，帮助教育政策更为合理地制定。我们对教育研究和分析不能停留在现象的描述，而应该对在教育背后起作用的政治、社会、文化等因素进行分析，在当时是非常具有创新意识的。我们对近代以来近一百五十余年的日本教育进行了全面的、立体的总结和观察，特别关注和分析了自然（人种、语言、地理及经济条件），宗教（儒教、佛教、神道教和基督教等）及世俗（人文主义、国家主义及民主主义等）等因素是如何影响教育，在教育中都起到了哪些作用的。我们也曾申请过日本国际交流基金会的出版赞助，但是由于交流基金会规定享受赞助的项目必须在如期出版的年度内申请，由于我们交稿延迟，编辑校对更是耗费了时间，最后没能按计划获得资助，这是唯一的遗憾。

朱永新把在日本学到的好的经验立即运用到了自己工作的实践中去。担任苏州大学教务长后，他立即着手实践教学改革，在国内的大学中首先引入学分制，并且还着力推动大学的国际化。为开拓国际交流学校，朱永新还不远万里地来到我所工作的宫崎公立大学商讨国际交流协议。他是我国当代极为罕见的思想家、行动家。中国的文人自古以来以君子为最高理想，动脑、动嘴而鄙视实践，所谓“君子动口不动手”已经成为文人的行动准则和习惯。而朱永新却不是这样的，他是一个行动派，在他所提倡和开创的新教育实验中，他几乎跑遍了全国的各个省市和山村，但凡有需求，哪怕是再边远的市县，他都毫不犹豫地跑去进行宣传和讲演，这大概就是他开展新教育实验的成功秘诀吧。

对于如何看待传统文化，朱永新有这样一个故事。为了弘扬民族文化，2011年1月11日，高达9.5米的孔子像在天安门以东的国家博物馆北门广场正式亮相。但是，过了一百天后的4月20日，这尊成为天安门文化新地标的孔子塑像被迁入国家博物馆雕塑园内，由于没有详细的报道和迁移的理由，在社会上引起了很多猜测。那年年底，日本NHK电视台对朱永新进行采访时，问到这一事件的意义，对此朱永新是这样回答的：“孔子像耸立在主要干道上还是雕塑园内，这都不是问题。问题是在中国人的心中是否还有孔子存在的空间。”

下面再谈第二个问题吧。

《朱永新中国教育文集》出版后，曾经有好几位日本朋友问我，为什么要把朱永新研究中国教育的论著翻译成日

文出版，在日本其意义何在等。因为在相当长的一段时期内包括本人在内的几乎所有的中国人都认为，教育应该向日本学习。日本国际协力机构（JICA）在20世纪90年代还专门出版过一本题为《日本教育的经验——思考发展中国家的教育开发》的专著，从教育的量的扩大，质的提高到管理改善等方面简洁地总结了日本教育的演变，向发展中国家介绍和推广。其中写道:“明治维新以来，日本在为建设近代化方面做出了艰苦卓绝的努力，在这期间积累下来的多种经验，正是今日赠给发展中国家的最好的礼物。”具体的哪些可以适用，有些团体还对日本的教育经验进行详尽的分析，根据发展中国家的实际情况，向发展中国家具体地介绍。同时，还出现了不少文章专门论证和介绍日本的教育对产业现代化所做出的贡献，国际上对日本教育的关心度一下子提高了不少。终于《纽约时报》也组织了一个特辑:《日本教育——给美国的教训》（1983年7月），专门分析“是什么给今日日本产业带来了发展?”，并且通过从明治维新到二战后经济高度增长期各阶段的教育投入和产出的利益进行计算，得出“教育能为经济发展做出贡献”的结论，向读者描绘了一幅“教育是经济发展的起爆剂，是牵引经济发展的火车头”的教育形象图。

然而，随着研究的深入，日本教育中的许多问题都被暴露了出来。近代日本教育之所以能够得以“顺利”地发展，那只不过是由于“具备了很多有利的条件”。这样的教育对今日发展中国家是否具有参考价值暂且不论，日本教育本身却由于许多在发展过程中应该经历的关卡都没有经历而积压了很多问题，这些问题积压到一定的程度就一下子全部爆发了出来。如果不考虑教育如何为世界和平和人类的福利事业做出贡献的话，一个国家的国民的识字能力和受教育的水平再高都不会是人类社会的福音，这已经被过去的两次世界大战所证明了。

今日日本教育所面临的问题不可谓不深刻，而且非常复杂。但是更为糟糕的是日本至今还沉醉在过去成功的喜悦中无法自拔，不愿意认真地去研究和寻找解决的方法，相反还在喋喋不休地叫喊着“涨潮了”“经济增长的时机到了”，企图通过经济增长来消解教育存在的问题。

要想根治日本教育的问题，首先是应该了解世界教育改革的动向，从过去那辉煌的历史阴影中解放出来。

下面再捎带地谈一下中国教育问题吧。2010年12月27日，由经合组织（OECD）统筹的国际学生评估项目（PISA）公布的成绩显示，在全世界47万名参加测试的学生中，首次参加测试的上海15岁在校生取得阅读、数学、科学素养全球第一的佳绩。尤其是阅读项目上获得556分，比第二位的韩国要高出17分；数学为600分、科学素养为575分，分别比第二位高出38分和21分。这是2009年4月，按照经合组织的技术标准要求，从上海市约105万15岁在校生中随机选出5115名学生进行测评的结果。其参加率和覆盖面分别为97.8%和98.6%。

取得如此令人骄傲的成绩，这绝非是一日之功。中国从幼儿园阶段起就进行双语教育，开始在外国专家的指导下实施英语教育。中国不断对义务教育阶段的课程和教学内容进行改革，实现课程和教材的国际化，大量使用国外的课程、教材，并且注重学习国外的先进管理方法。上海教育行政负责人对美国、英国、日本等各国教育界有哪些著名的教授，他们都在研究哪些先进理念，或是在从事什么样的教育改革和实践等都非常关心和熟悉，他们与第一线教师保持着广泛的沟通，共同推进教育改革的发展。

另外，中国大学的国际化也在迅速地展开。宁波诺丁汉大学（2004年）、西交利物浦大学（2006年）、上海纽约大学（2013年）、昆山杜克大学（2014年）等，面对中国教育的迅速发展，欧美的一流大学都纷纷放下架子来到中国合作办学，他们采取的战略是支援中国教育发展，共同培养人才，同时选拔和招募优秀的留学生。学生方面也发生了变化，他们现在不再是只注重到哪个国家的什么大学去留学，而是开始积极地选择适合自己、更有利于自己发展的大学，到那样的大学去发展自己的个性，中国已经到了强调自我认同性的时代了。同时，中国的大学也纷纷与国际上的优秀大学、国际组织、跨国公司、权威性的研究机构等多渠道地进行交流，通力合作，广泛开展国际交流，摸索一条符合中国国情的多渠道交流模式，并开始取得成果。

三十多年前，从长期的闭关自守中打开大门的中国，外部世界蜂拥而来的教育组织对她进行了勇敢的挑战。现今人类社会已经进入到经济全球化的时代，知识经济正以排山倒海之势向前发展，信息和通信技术日新月异地进步，交通往来也越来越便利，人们的生活方式、学习模式都发生了巨大变化。在这一形势下，中国的大学普遍都有一种危机感，如不赶上经济全球化、教育国际化的潮流就会在这个地球上丧失立足点。

另一方面，大学之间的人才和资源的争夺也越演越烈，外国大学与中国大学之间不断在争夺优秀的中国生源。每年都有关于中国的高考状元在拿到国内名牌大学的通知书后被国外著名大学挖走的报道。报纸上不断有专家投书疾呼："中国高等教育机关正面临着高等教育国际化这一巨大潮流的冲击。"国际化既是一个前所未有的巨大挑战，同时也是一个百年一遇的发展机会。对这样的机会，拒绝就等于是拒绝了发展，就等于是自我选择失败的道路。远的欧美国家的例子就不说了，仅是最近中国的事例也充分说明了一点，教育的出路就在于国际化。但是，我们深深地感到不安的是日本显然是大大地落在这一潮流的后头了。

自始至终贯穿于比较教育学历史中的一个潮流，或者说是比较教育的目的之一，就是为本国的教育改革做贡献。也就是说，在比较教育研究中，不能仅限于对外国教育实施调查，进行比较，必须要对自己的教育实践给出方向性，也就是说在调查比较的同时必须回答一个问题，就是“我们自己到底应该怎么办”。为此，本丛书的翻译出版，并不单纯是把中国教育改革的情况向日本做介绍，如果能在中国的教育研究与实践和日本的教育研究与实践之间架起一座桥梁，能对日本的教育改革起到哪怕是一丁点的贡献的话，那可就是大喜过望了。

我们就是带着上述的问题意识和目的来进行《朱永新中国教育文集》的翻译工作。

最后，在进行翻译时曾受到铃木慎一先生，楠万喜子女士，斋藤利彦先生，石川启二先生，牧野笃先生的帮助，故此铭记感谢。在如今出版业江河日下一片萧条的情况下，不计得失地接受《朱永新中国教育文集》出版业务的东方书店的山田真史社长，对负责编辑的川崎道雄、家本奈都表示感谢，感谢他们的勇气和耐性，使得本文集能够顺利上架。

卷三　困境与超越

——当代中国教育评论（苦境と超越——現代中国教育評論）

本书是根据人民教育出版社2004年出版的《朱永新教育文集》卷五《困境与超越——当代中国教育述评》翻译而成，由东京大学牧野笃教授主持翻译。其中筑波大学副教授上田孝典翻译了第一章至第五章的初稿，华东师大讲师马丽华翻译了第六章至第十章初稿，早稻田大学博士生孙佳茹翻译了第十一章至第十五

日本东方书店
2013年10月版

章初稿，日本文化学园大学副教授藤井玲子翻译了第十六章至第二十章的初稿，日本铃鹿短期大学助理教师胜间田明子协助进行了日本语校阅与整理工作。最后由牧野笃先生统稿。

牧野笃是我多年的好友，名古屋大学博士，东京大学教授，专业方向是终身学习论、社会教育学及中国近代教育思想。主要著作有：《中国近代教育的思想的展开与特征——陶行知〈生活教育〉思想研究》（日本图书中心、1993年）、《中国社会变动与教育——流动的个人与市场经济的对应》（劲草书房、2006年）、《银发年代的学习与社会——大学制造的知识循环》（劲草书房、2009年）、《心想得到的认可欲望与自我意识过剩的自我故事》（东京大学出版社、2011年）、《人人生存的社会与终身学习——弱者团结一致的技能》（大学教育出版社、2012年）等。在工作繁忙、身体欠佳的情况下，牧野笃先生为本书的翻译付出了辛勤的劳动，而且为本书的日文版写了长长的后记，感人至深。这里抄录他的后记如下：

教师有着美丽的梦想
无论他身处多么简陋的街头巷尾
或是贫贱无底的穷山恶水
他们都与孩子们
手拉手地住在一起
不信你听
那欢快无邪的歌声
又会四处响起

无论现实多么残酷艰难，只要不抛弃梦想，环境就会变得非常乐观。这是我的恩师一喝得高兴，飘飘然时会哼唱的歌曲。每当想起我的畏友朱永新时，就会想起这首歌。作为异国的朋友，我觉得他天生就是一个教师。

朱永新的思想发挥得最为淋漓尽致的，应该是他的这本《困境与超越——当代中国教育评论》了吧。献给各位的是《朱永新教育文集》日文版的第三卷，本书原是十卷本的《朱永新教育文集》的第五卷《困境与超越——当代中国教育述评》（人民教育出版社、2004年）的日文翻译本。

本书的内容分为上下两大部，这是因为作者在把握中国教育问题时从时间上来分段，将1949年新中国成立到1989年为止的四十年和1989年以后直到21世纪初分为两大时期，这是因为中国教育所具有的问题的性质，以1990年为界发生了巨大的变化。

简单来说，首先是发生了量的变化。中国教育量的普及及扩大，到20世纪80年代末基本告一段落。80年代后，围绕教育的质的问题，爆发了各种各样的问题。具体都有哪些问题，请看本书的分析。面对这些现实问题，朱永新心灵受到震撼，他为之流泪，设身处地为儿童，教师及父母等当事者着想，为他们代言，对教育的现象进行揭露。但是这个揭露，并不是为揭露而揭露，而是满怀希望，提出改变现状的方案，身体力行地进行实践，提出对策发动改革，通过这一系列的活动在残酷的现实里产生出乐观。我认为这个乐观主义是作者坚韧不拔的精神所在。

本书主要分析的是20世纪80年代到2000年为止的教育情况。造成今日教育状况的学校制度改革始于1985年，是年中共中央颁布了《关于教育体制改革的决定》，对九年制教育进行普及，对于偏重普通教育的中等教育结构进行调整，大力发展职业技术教育；明确了高等教育发展必须适应社会发展的战略目标，制定了新的学校制度框架。但是，由于在教育工作者中都没有“学历社会”这一概念，人们意识中仍是“唯有读书高”。为此，从那以后的十年中出现了我们所说的“学历社会”，正如本书所描述的那样，这一现象非常严重，使日本所谓的“考试地狱”都为之失色。

面对这一现实，很多教育工作者都提出了如何缓和这一局面的对策，但是无论中央的还是地方的对策，一次次的改革措施在平民百姓的巨大的学习需求面前都显得苍白无力，时至今日仍是成效甚微。而今日中国的学校教育则反映了这一状况，呈现出巨大的利益产业化。在城市出现了民营学校与公立学校争夺生源的现象。那些被称为“贵族学校”的私立学校，打着要让孩子享受优质的教育，保障海外留学等，收取高额的学费和杂费；而公立学校中原来的重点学校以及公认的名校则令家长心仪心动，哪怕是出高价也要让自己的孩子跨学区入学。而一些教师则更是以孩子的成绩为“人质”，向父母索要高额的礼物。甚至出现有学校以学生家长馈赠礼品的价格高低为标准排列学生座位的顺序。每年9月10日的“教师节”则成了家长竞相向教师进贡的节日。我还听说，近年还流行向教师赠送可以随意使用的信用卡。

想成为名校的教师也需要花钱！我的一个朋友，为了在某一名校谋一个讲师的职位，竟花了1000万日元向领导和教师们送礼。以后，但凡遇到晋升评级时必须要准备上千万日元的礼品。就是这个人，升任教授后竟然也学会了从年轻教师处接受馈赠，转手将它转赠给上司的一套。

在这种环境下，父母和孩子都感到无限疲惫，尽管极力想从中摆脱出来，但现实是每个人都在战栗、都在等待，感到孤立无援，前途一片漆黑。

为了改变中国教育现状，朱永新发动和倡导了“读书运动”，以此为契机展开“新教育运动实践”，试图在学校中恢复师生的平等关系，将学校改造得更加民主，不会只是逼迫学生为考试而学习，也不会向家长索取高额的学费或其他什么经费，在“学习”这一人类最原始的需求的基础上恢复“教育的理性”。现今，参加这一运动的中国国内的学校已经增加到430所，有近63000名教师和106万2000余名学生（原文数据如此）。这一运动并不是轰轰烈烈的，但却是脚踏实地的很扎实的改革，正在推动社会发展。有关“新教育实践”可以参照本文集第一卷《我的理想——新教育之梦》（石川启二、王智新翻译），他把自己对新教育的理想全写在那本书中了。

本书的内容乍一看来好像是将人们常常讽刺和嘲弄的中国社会的阴暗面全都直率地写了出来。但是，我希望各位读者能通过这一系列的事件理解中国老百姓的苦恼和悲哀。他们生活在这一社会中，尽管知道是荒诞的，却无法改变自己随波逐流的现状。这绝不是中国一个国家的问题，日本的教育改革中也有同样的问题。希冀儿童的幸福，将社会发展的希望集中寄托于教育上时，每个被认为是好的行为和选择，重叠在一起就会产生一种所谓的“合成谬误”，体制会被推向始料未及的方向发展。这一原理会产生作用，这也说明了这一社会中具有使人扭曲的结构。

教育改革也就是对社会结构进行改造。但是社会结构具有巨大的惯性，它使人们的思想根植于现实社会这一基础之上。为此，改革起来非常困难，这也是教育改革的艰难之处。因此，教育改革这一运动，不可能轻而易举地通过政策的改革就能一蹴而就。这需要非常脚踏实地的努力，需要不断地积累小的实验，通过改变人们生活中的利益体系，逐渐地改变价值观，影响惯性力的方向。

朱永新就是这样脚踏实地、呕心沥血地努力前进，从对民众的信赖中织出一片乐观。我从他们中间看到了中国教育界的良心的形式之一。本书中充满了他的思想。

关于本书翻译的经过是这样的。两年前的一天，我的老友——负责本文集编辑的王智新突然将本书的样稿寄给了我，事先也没跟我打招呼。这家伙到底打的是什么主意？我问他：“这是干什么的?”他回答说：“把这本书翻译一下吧。”“啊?”“我是说这本书要在日本出版。”“哪个出版社出?”“东方书店出。”“噢，卖得出去吗?”“那就不知道了。”“什么时候要?”“半年怎么样?”“胡说!”

那时我是真心觉得，整天忙得脚后跟打后脑勺，要我翻译这么厚的一本书，简直是开玩笑。不过，不管我内心是如何想的，这是我畏友朱永新的著作，又有我的老友王智新的推荐，推是推不掉的了，所以老大不愿意地接受了下来。但是，要我一个人翻译的话，实在任务太重，所以在自己带的研究生中挑选了四个人，让他们负责先翻译一通，然后由我校对，再选一个人全文通读加以整理后，再由我全部通读校阅后修正定稿。结果就花了很长时间，不但给老王，也给东方书店的有关人员添了麻烦，我感到很内疚。

参加翻译第一稿的人有上田孝典，马丽华，孙佳茹，藤井玲子。对初稿全文通读加以整理的是胜间田明子。辛苦各位了。

上述的各个程序全部完成后，翻译就大功告成了。由于原作中有不少难以翻译成日语的部分，有些文章很拗口，还有翻译得不正确乃至错误的地方，这些都是我的责任。

最后要向王智新和东方书店的责任编辑家本奈都表示感谢，感谢你们耐心的等待，容忍我拖延了那么长的时间。

交稿是晚了很多，但是我想宽宏大量的原作者，朱永新他肯定会以那和蔼可亲的笑容来原谅我的。

2010年9月文集日文版输出仪式

4 朱永新教育文集（10卷，韩文版）

중국 주영신교육문집

这套书的出版首先要感谢苏州大学的陈国安博士。2008年初，他介绍我认识了韩国全北大学教授崔泳准博士。崔博士匆匆经过北京，我们在北京站旁边的小饭店边吃快餐边聊天，谈得非常投机，非常开心。他告诉我，他在大学讲解中国语言文学的课程，经常要寻找当代中国的社会文化文献给学生讲读，一直没有找到固定的教材。陈国安先生给他推荐了我。他当场表示，要将我送他的《朱永新教育文集》翻译为韩文，介绍给韩国的读者，也作为学生学习当代中国语言文字的素材。回到韩国以后，崔博士就组织他的团队启动了翻译工作。没有想到，如此浩大的过程，他们只用了2年左右的时间，就初步竣工。2009年，我应韩国政府的“头脑韩国”项目的邀请去韩国讲学，在全北大学做了《过一种幸福完整的教育生活——中国新教育实验的力量与实践》的讲演，同时也受到了崔博士和他的团队的热情款待。在他的办公室，我看到了厚厚的译稿。

回国不久，在2010年新年快到的时候，崔博士告诉我，翻译工作大功告成，即将正式出版。过了几个月，我就收到了朴

韩国语文学社
2009年12月版

素精致的韩文版《朱永新教育文集》。崔泳准博士为韩文版《朱永新教育文集》撰写了热情洋溢的译者序言：

> 韩中两国同属东亚儒教文化圈，从快速的经济增长势头和文化价值的社会性变化，特别是从教育领域的一系列创新探究的多变来看，两国都处在高速发展阶段。无论哪个国家，教育都作为一国之根本得到重视。中国正如其独特的悠久历史一样，教育内容也颇为丰富，《朱永新教育文集》一书不仅对正确理解中国教育有着很大帮助，同时在教育学领域也具有很大的研究价值。韩国与中国在教育方面存在的问题和解决办法有很多相似之处。两国有着历史性和地理性的渊源，根深蒂固的思考方式和文化体系也非常相同，正因其共性之多，因此对于中国教育进行思考和

观察研究，将会对我国教育再次查点及整理有着很大的裨益。

本人在大学进行《中国语教学方法研究》《中国语教学与教材研究及指导方法》《中国语教学理论》等学科教学期间，曾不断对中国教育学方面书籍的稀少而担忧，这种苦恼在我看到朱永新教授的《朱永新教育文集》（10卷）后荡然无存，犹如发现了中国教育学界的曙光一样无比高兴。朱教授的著作涉及中国教育的哲学、思想、历史等诸多方面，且体系性强，使人一目了然，称得上是一部关于深入理解中国教育的优秀教材。译者首先采纳朱永新教授教育文集的第一卷《新教育之梦》作为教材进行翻译教学，经过综合整理校正为韩文译本。《新教育之梦》在德、智、体、美等多方面提出教育设想和解决方案，并且在学校、教师、校长、家长等相互协调关系方面进行分析，并站在教育学者的视角进行宏观分析思考，构筑明确的理想蓝图，是一本值得精细品读的著作，因此本人毫不犹豫地向大家推荐此书。

作者朱永新教授是位著名的心理学家，教育学家，教育实践家。曾任苏州大学教务处长、教育科学部主任，苏州市人民政府副市长，中国人民政治协商会议常务委员会委员，现任中国全国人民代表大会常务委员会委员、民进中央副主席、教育部教师专家委员会委员，并作为一位知名的教育实践家而备受全国各界的瞩目。在繁忙的工作之余，他笔耕不辍，撰写了《中华教育思想研究》《困境与超越——当代教育述评》《心灵的轨迹——中国本土心理学论稿》《我的教育理想》《新教育之梦》等30余种有影响力的著作，在国内外学术刊物上发表论文300余篇。他曾多次主持联合国教科文组织委托的研究项目，中国自然科学基

2008年9月文集韩文版权输出签约仪式

金项目，国家社会科学基金项目及一批省部级研究项目。其著作曾经荣获国家图书奖提名奖，中国图书奖，中国优秀通俗政治理论读物一等奖，江苏省和山西省“五个一”工程奖，中国自然科学基金项目优秀成果奖等。作为一名教育学者，朱永新教授有着耀眼的和备受瞩目的惊人业绩。我期待他的学术研究会给中国的教育界带来新的活力并成为未来中国教育领域的指南针。

最后，我在这里感谢参加此次书籍翻译工作的相关工作人员。首先感谢专攻中国教育制度，参与翻译工作的大学生、研究生，还有给予校订的李京勋博士。特别感谢朱永新教授允诺我把这本书稿翻译成韩译本，还有中国人民教育出版社的相关工作人员的协助，还要对出版本书的韩国语文出版社尹锡田社长及编辑部的所有同人致以由衷的感谢！

人生最奇就是缘。一次匆匆忙忙的见面，促成了一套书的翻译，促成了我难忘的韩国之行。虽然最近几年与崔泳准博士联系不多，但是，我一直把他还有我们共同的朋友陈国安博士，视为生命中的贵人，视为最好的朋友。

5　朱永新教育文集（10卷）

这是我的第一套个人教育文集，全书由十卷组成。

卷一《新教育之梦——我的教育理想》是总论，是我关于教育的基本思考和理想教育的蓝图。卷二、三、四《滥觞与辉煌——中国古代教育思想史》《沟通与融合——中国近现代教育思想史》《嬗变与建构——中国当代教育思想史》是我关于中国教育思想的研究，系统介绍了中国教育科学的成就与贡献。卷五、六《困境与超越——教育问题分析》《反思与借鉴——中外教育评论》是我对中国和外国教育的问题的评论与分析，其中有一些是政策性研究与建议。卷七、八《心灵的轨迹——中国本土心理学研究》《校园守望者——教育心理学论稿》是我关于本土心理学和教育心理学的研究。卷九、十《享受与幸福——教育随笔》《诗意与理性——教育问答录》是我关于教育问题的随笔和在全国各地回答教师提问的精彩记录。

特别要感谢人民教育出版社的吕达总编、刘立德先生和邹海燕女士，没有他们的信任与支持，这套文集是不可能在人民教育出版社这样的名社顺利出版的。记得当初我根本没有奢望

人民教育出版社
2004年8月版

在人民教育出版社出版这套文集，只是与另外一家教育出版社联系，表示想把自己的著作集中出版一下。那家出版社的编辑请示了领导以后表示，欢迎我的著作全部到他们出版社出版，但是用文集的形式有难度，因为许多教育界的老前辈都没有出版文集的先例。万万没有想到的是，我与吕达先生和刘立德先生等交流时，他们却毫不犹豫地表示全力支持，结果他们不仅出版了这套十卷本的文集，而且作为出版社“十五”出版规划重点项目。

《朱永新教育文集》出版的时候，冒昧敬请我非常崇敬的全国人大常委会副委员长、民进中央主席许嘉璐先生撰写序言。没有想到，他不仅一口答应，而且亲自撰写了热情洋溢、充满哲理、寄予厚望的长篇序言。许先生在序言中讲道：“中国的教育人人可得而道之。因为教育问题太复杂，中国的教育问题尤甚。且不说中国以一个发展中国家不强的实力在办着世界上最大的教育，单是中国处于转型期，城乡、东西部间严重的不平衡和几个时代思想观念的相互摩擦、激荡，就可以说是当今世界绝无仅有的了。随着教育普及率的提高，对教育发表评论的人当然也越来越多，多到几乎家家户户都会时常议论。这样就给有关教育的研究提出了许多也许在别的国家并不突出的问题。我认为其中有两个问题最为要紧：一个是教育的事牵一发而动全身，既不能就教育论教育，更不能只论教育的某一部分而不顾及其他，要区别于人们日常的谈论；另一个是教育学如何走出狭小的教育理论界圈子，让更多的人理解、评论、实践，也在更大范围内检验自己的理论是否能为群众所接受，以免专家和社会难以搭界。朱永新教授的这套作品集，恰好在这两个问题上都给了我很大的欣慰。”

我根本没有想到，作为国家和民进的领导人，许先生对于一位年轻人的教育探索如此关注。他在序言中评价说：“朱永新教授并不是一位‘纯’学者，虽然教育理论研究永远是他进行多头工作时在脑子里盘旋的核心。他集教师、官员和研究者三种角色于一身，随着孩子的降生和成长，他又多了一个家长的身份。这就使他不可能只观察研究教育体系中的某一段或某一方面，必须做全方位、多角度、分层次的研究。作为同事，我见过他极度疲劳时的状况，心里曾经想过，这是天将降大任于斯人的考验，还是他‘命’当如此，不得不然？其实，这正是给他提供了他人很难得到的绝好的研究环境和条件：时时转换角色，就需要时时转换思维的角度和方法，宏观与微观自然而然地结合，积以时日，于是造就了他独特的研究方法和风格。

我们对任何事物的研究，如果只有理性的驱动，而没有基于对事物深刻认识所生发出来的极大热情，换言之，没有最博大的挚爱，是难以创造性地把事情做得出色的。朱永新教授对教育进行研究的特点之一就是全身心地投入。身，有那三种角色和一种身份，自然占据了他所有的时间和精力；心，是不可见的，但贯穿在他所有工作、表现在他所有论著中的鲜明爱心，则是最好的证明。”

许先生对我的写作风格也给予了充分的肯定。他写道：“在局外人看来，教育理论的研究是枯燥的、艰难的，有过多的教育学著作也确实强化了人们的这种感觉。管理工作给人的印象则是繁杂的、细碎的。这种感觉和印象往往是理论工作者、管理工作者和广大的教育参与者（包括家长、学生和旁观者）之间产生隔膜的原因之一。社会需要集理论研究和管理于一身，而且能把自己对教育的挚爱传达给社会的学者，与人们一起共享徜徉在教育海洋里的愉快和幸福。但是，现在这样的学者太少了。是我们对像教育理论这样的人文社会科学的所谓‘学问’产生了误解，以为只有用特定的行业语言，包括成堆成堆的术语和需要读者反复琢磨才能弄清楚的句子才是学术？还是善于用最明了的语言表达复杂事物的人还不多？抑或是教育理论的确深奥难测，必须用‘超越’社会习惯的语言才能说得清楚？而我是坚信真理总是十分朴实、十分简单这样一个道理的。真正的‘大家’应该有能力把深刻的思考、复杂的规律用浅显生动的语言表述出来，历史上不乏其例。作为一名教育理

人民教育出版社
2004年8月版

论家，朱永新教授正在朝这一目标努力着，而且开始形成了自己的风格：论述、抒情、问答并举，逻辑严密的理性语言、老百姓习惯于说和听的大白话、思维跳跃富于激情的诗句兼有，依思之所至、情之所在、文之所需而施之。有的文章读时需正襟危坐，有的则不禁击节称赏，有的还需反复品味。可贵的是，这些并非他刻意为之，而是本性如此，自然流露。这本性，就是他对教育事业的爱，归根结底是对人民的爱。在某一种风格已经弥漫于社会，许多人已经习惯甚至渗透到潜意识里的时候，有另外一种风格出现，开始总是要被视为‘异类’（我姑且不用‘异端’一词）。不知道朱永新教授是不是也有过这样的经验。我倒是极为希望他能坚持下去，即使被认为‘这不是论文’也不为所动，因为学术生命的强弱最后是要由人民来判断，而不是仅仅由小小的学术圈子认定的。我还希望他在这方面不断提高锤炼，让这股教育理论界的清风持续地吹下去。”

在序言的最后部分，许先生对我从事教育研究的方向与方法提出了重要建议。他谆谆告诫我，教育，和一切与人民生活紧密相连的事物一样，都要敏感地紧跟时代的步伐，紧贴人民的需求，依时而变，因地制宜。在从基本小康走向全面小康的二十年里，还有层出不穷的教育问题涌现，需要解决，因而需要不停顿地观察、思考、研究。我们的教育学，就将在这个过程中发展成长，有中国特色的教育学，也许就将在这一时期内形成。“朱永新教授春秋正富，‘永新’自当永远常新，一定会抓住这百年难逢的机遇，深化、拓展自己的研究，为中国教育事业、为中国的教育理论多奉献自己的才干和智慧，再写出更多更好的篇章。”

每次读许先生的序言，总能够感觉到一位学术前辈、一位民进领导人的谆谆教诲和殷切希望。

《朱永新教育文集》出版以后，得到了学术界的好评和一线教师的欢迎。《新教育之梦》等好几卷印刷超过了10次，总印数超过了20万册。先后获得了中国教师最喜爱的教育图书一等奖，高校教材畅销书一等奖等殊荣。

二、专著

和新教育的学生在一起（摄影：薛晓哲）

6 教育的情愫

——朱永新教育书影录

这是一本关于书的书。它统计了我这些年来撰写、合著、主编、译著的所有著作，介绍了这些书写作与出版的故事，更是对我半生的学术生涯做了一次小结，记录了我在学术路上留下的脚印。

印第安人有一句谚语：“路人，请放慢脚步吧，等一等你的灵魂。”这本书对我来说，可能起到的就是这个作用。

这些年以来，我在教育的路上匆匆忙忙地奔跑着。因为我大学所学的专业是教育，因为我的所有工作都与教育相关，因为我把业余时间都用在新教育实验理论和实践的探索上……因为痴情于教育，而钟情于写作。而且，无论是当年跟同学比，还是后来跟同行比，我都不是智商超群的人，所以更是数十年笨鸟先飞，笔耕不辍，从不敢懈怠。

这里的文集，是一个心灵的窗口。我是身为老师的教育践行者、身为教授的教育研究者、身为官员的教育管理者、身为父亲的教育参与者，文集是集合了这种种身份，向不同读者甚至不同国家来全面敞开我自己的内心世界。

这里的专著，无声地固化了我的每一个早晨。从童年开始，父亲就培养我早起的习惯。这个习惯在我工作后变成最大的财富，我最重要的思考与写作，都发生在清晨。

这里的合著，除了学术上的合力探究外，还记录着我和师友之间的友

山西教育出版社
2015年9月版

谊。朋友的智慧和情谊，补充着我的不足，激励着我前行。正所谓人生最大的幸福就是和喜欢的人做喜欢的事。

这里的主编，其实呈现的是我求知的片段。无论是我独自阅读那些最伟大的著作，还是和团队共同努力在书海里搏击，都在试图撷取经典中的精华，与大家分享。

这里的译著，则是我学习的一个小窍门。无论是学习日语还是英语，我发现翻译是学习一种语言最快最好的办法，也就有了这几本小书的问世。

就这样，这些年积累下这些文字，留下了思考与行动的印迹。但回头看来，不是兴奋，而是汗颜。

这么多书，论重量是沉甸甸的，但论分量却自知不足，甚至既杂且浅。且不说每一本书都是遗憾的产物，现在我都能够从中找出很多不足，就算这些书加在一起，又能够有多大价值？又能够有怎样的影响？

自2009年以来，德鲁克的那句话一直在我耳边回响：“仅仅凭自己的著作流芳百世是不够的，除非你能够改变和影响人们的生活。”所以有了新教育实验的诞生。

这一次，如果不是山西教育出版社要为我出一套“朱永新教育之旅系列”，也不会有这本书的出现。人情难却，也是我出书多的一大原因。不过，无论如何我还是要感谢山西教育出版社，感谢雷社长和刘立平总编的催促和帮助，让我借整理这本书而放慢了脚步，才有了这次反思的机会。既知不足，就更当勉力前行。

7　致教师

这部书稿用近50封信的方式与教师谈心。分四个部分："给我一个做教师的理由"，讲述了为什么要做教师，教师如何建构自己的职业认同感，消除职业倦怠。"借我一双好教师的慧眼"，讲述了教师教育智慧形成的路径与方法。"做一个幸福完整的教师"，讲述了如何利用闲暇时间充实自己完善自己，如何处理好工作、家庭、生活、健康的关系。"过一种幸福完整的教育生活"是自己近年在教师节、元旦等节日为教师撰写的专题信件。

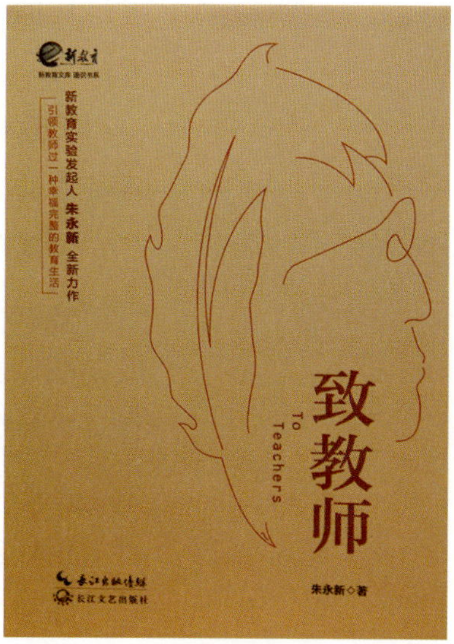

长江文艺出版社
2015年8月版

这本书本来是若干年后的写作计划。我一直想为中国的教师、校长、父母和孩子分别写一组文字。一直在心中默默构思着这些文字的样子，但是，一直没有时间提笔。

有两件事情，直接催生了这部书稿。

一是《教师月刊》的约稿。华东师范大学出

版社《教师月刊》的林茶居主编，约我回答一线教师的问题。他收集了大量的教师们提出的问题，原原本本地发到我的邮箱。我压了几个月，实在拗不过他的坚韧，也实在不忍心那些问题一直在我的邮箱里不见天日。于是从2014年开始，我每月在《教师月刊》连载我的答教师问。

二是长江文艺出版社的约稿。长江文艺出版社是文学书籍领域出版的翘楚，先后策划出版了许多著名的文艺畅销书。2013年，他们开始进军教育图书，约我帮助策划了一套“大教育书系”。他们希望我能够担纲其中的一本，我担心时间不允许，就婉言谢绝了。没有想到，编辑竟然从我的著作、文章和网络上的文字中精选了20余万字的书稿，并且取名《新教育：一个普通的灵魂能够走多远》。在几年前，漓江出版社曾经也干过这样的事情，让我叫苦不迭。所以，我答应他们为这套书系专门写一本书，要求他们放弃这本选编的著作。

就这样，用了一年多的时间，围绕教师关心的重要问题和教师成长的关键问题，进行思考和写作，积累了十余万的文字。

感谢新教育研究院新父母研究所的童喜喜老师和她的萤火虫团队，这本书稿的部分文字，是她们根据我的口述录音整理成初稿，再由我定稿的。作为“新教育文库”的出版统筹，童喜喜老师则帮助我通读和审阅了全部书稿。

感谢新教育基金会的章敬平先生，他在繁忙的工作之余，给书稿许多具体的指导和帮助。

感谢长江文艺出版社的尹志勇总编辑，他以差不多每两周一次的频率催稿，让我知道了什么是锲而不舍，什么是敬业精神。

感谢我的教师朋友和这本书的读者们。

8 我在政协这一年（2013）

——一个民主党派成员见证的中国民主政治进程

这本书是我2013年当选全国政协常委以后参政议政的年度记录。全书内容包括记录两会情况的“春天的约会”，年度的提案与部委答复，政协的大会发言与调研手记，媒体关注等。

中国文史出版社
2014年11月版

虽然这些年出版过不少著作，但对于这本书，我仍然有着特别的感情。六年前，在我离开全国政协去全国人大的时候，曾经将我在政协的手记、提案等整理成《我在政协这五年》一书，由人民出版社出版。当时，恰逢中国共产党发布“五一”口号60周年。六年后，我回到全国政协担任常务委员、副秘书长，又将2013年的政协工作整理成这本书。今年又恰逢人民政协成立65周年的纪念。

我是民进中央的专职副主席，是代表中

国民主促进会参加政协的，所以这是我的本职工作。所谓本职工作，就是一个人的安身立命之本。我一直要求自己以最用心最努力的态度去参与政协和民进的各项工作和活动，认真为人民、为党派交出自己的答卷。这本书，就是我参加政协一年的工作汇报。

中国文史出版社
2014年11月版

这本书的出版得到许多领导和朋友的帮助。全国政协副主席、民进中央常务副主席罗富和，全国政协原副秘书长、文史和学习委员会副主任卞晋平在百忙之中为本书撰写了序言。罗主席在序言中评价："永新用自己的言行诠释了一位政协委员的责任与担当。这本书与其说是文字记录，不如说是用行动写就，堪称一扇了解政协的窗口，一本政协委员的参考书。"卞晋平在序言中写道："我们这一茬人都记得当年毛泽东讲过的一句话：人是要有一点精神的。正是从这个角度观察，我从永新同志身上看到了值得称道的一种精神，并为此有感而发地想说几句话。其一，做人当知责尽责。其二，做友当肝胆相照。其三，做事当勤奋自觉。"

全国政协副秘书长刘家强、中国文史出版社的领导为本书的顺利出版提供了大力支持。责任编辑金硕认真细致的工作也为本书增色不少。民进中央参政议政部的同志，教育部体艺卫司、国资委办公厅、国家海洋局等部委的有关同志，新教育研究院新父母研究所和新阅读研究所，以及我的学生邵爱国博士、秘书滕靖南等都为本书做出了重要的贡献。

9　我在人大这五年

——一位民主党派成员见证的中国民主政治进程

这是一本全景式记录我在全国人大五年期间出席会议、调研、发言、建议等生活的书，共计129万字。

2008年3月至2013年3月，在我担任全国人大代表的五年里，让我印象最为深刻的一个问题，是一位记者在2011年8月25日提出的。那天上午是分组审议《刑事诉讼法修正案（草案）》，那位记者问我："我想知道每位委员讨论《刑事诉讼法修正案（草案）》的时间有几秒？"在接下来会议的审议发言中，我把这位记者的问题转告给了诸位代表。大家静静地听着，那一刻的沉默很凝重，凝重得有些意味深长。

至于我自己，在每次类似的会议之前，我对提供的材料都会认真研读，还会补充阅读一些相关书籍，有机会时会做一些调研，在会议上我也会积极发言，和大家讨论、学习。全国人大副秘书长张少琴曾经对我说虽然他不和我在一个小组，但每次常委会的简报他都会看我的发言记录，他认为我每次都是精心准备的，所以"很有见地"。

我绝不敢也不能认为自己果真"很有见地"，但我能够给自己一个中肯的评语：我很努力。因为就在那天的会议上，我也坦率地告诉大家，类似对《刑事诉讼法修正案》这样的材料，尽管我认真学习过、揣摩过，但是仍然很难提出真正有价值的意见。因为这样的问题，需要像戴玉忠、沈春耀这样的法学界专业的人才能提出真知灼见。在人大常委会上讨论的，很多都是非常专业的问题，让我这样一个搞教育专业的人去讨论法律专业的问题，就只能凭感觉和印象做一些常识性的判断，有时候甚至可能会讲错。那一天，我还趁机提出了应该在中国政法大学这一类的专业院校成立立法基地，避免部门立法弊端，加快立法进程的建议。

新华出版社
2014年9月版

所以我一直想，人大的会议，不是秀场，更不是商场，而应该是战场。在这里，是民生之战。这里的一行字、几句话，或许就会左右一个人的生活，甚至彻底改变一个人的命运。我们要战胜过去，战胜陈腐，吹着号角冲向未来。

那位记者的问题，一直在我脑海里回响。我喜欢这样尖锐得一针见血的问题。古人云，以史为镜，可以知兴替，以人为镜，可以明得失。我想，以媒体为镜，可以近真相，以媒体记者为镜，可以见民心。是镜子，当然越多越好。

而身为人大代表，想履约，想赢得这场自我革新的战争，并不轻松。

说实话，人大常委会是一种高强度的智慧密集型会议。虽然两个月一次，每次只有不到一周的时间，但讨论的许多问题，无论是预算审议还是法律制定，专业性很强，因为人大立法的特点所在，每次会议都要就一些法律的问题去发表意见，而且每次议题都不一样，涉及方方面面，如社会、法律、人口、环境、资源、教育、文化等等。如果常委会委员们没有认真研究准备，对立法质量就会有很大影响。而且每次会议的工作量也不小，以2012年10月23日至10月26日召开的第二十九次常委会为例，就先后审议了《精神卫生法草案》《关于修改监狱法等七部法律个别条款的决定草案》《关于邮政法修正案草案》《国务院关于深化文化体制改革、推动社会主义文化大发展大繁荣工作情况的报告》《国务院关于社会救助工作情况的报告》《国务院关于国有企业改革与发展工作情况的报告》等6个文件。

在人大常委会这所大学里，对这些法律法规和专题报告，我一般提前两周就要学习会议材料的文本，收集相关的国内外资料，思考发言的提纲。我有早起的习惯，清晨五点半左右起床已经坚持了几十年。所以，这五年来的很多个清晨，我都是在这样的收集、阅读、思索中度过的。

我作为人大常委会的学生，一早一晚是我的课前预习时间，每次会议材料就是教材，其他资料就是补充读物，召开常委会会议时，就是进大学听课，会场就是课堂，审议过程就是

新华出版社
2014年9月版

课堂发言。只有认真研读、精心准备，才可能讲出水平，讲出道理。五年人大工作，不仅等于上了五年大学，而且是一所专业非常复杂、学习内容比任何一所大学内容更宽泛、丰富的大学。在这里要做个好学生，并不容易。

这五年来，人大立法通过的法律、法律解释和法律问题的决定有82件，每年都有十多件，其中修改法律44件，制定法律19件，做出法律问题的决定有19件。应该说，每一部法律都凝聚着包括我在内的常委们的智慧，我们为中国特色社会主义法律体系的形成做出了绵薄的贡献。而我更应该感谢这五年的经历，让我学习到了很多新的知识。

向人民学习，在人代会学习。学之于民，用之于民，知行合一，不亦乐乎？

在成为全国人大代表时，我就暗自承诺，切实履行职责，五年以后撰写一本《我在人大这五年——一位民主党派成员见证的中国民主政治进程》，汇报我这五年的代表生涯。

五年过去了，我又用一年左右的工作之余的时间，完成了这本100多万字的书稿。把每年两会的生活，自己在人大五年提出的建议与议案，参加常委会讨论的发言，以及参加视察时的感想，都以原生态的方式保存下来。同时将有关部委对我的建议的答复也一并附上。或者可以说，《我在人大这五年》也不是一部简单的书稿，从中我们可以看到中国人民代表大会制度的运作过程，看到中国当下的政治生态，看到中国政治文明的发展进程。但我更想说，归根结底，这本书是一位人大代表的履职报告，是一个人兑现承诺的口述历史，是一双脚在历史长路上留下的浅淡印痕。

特别需要说明的是：这本书，其实不是我一个人写就的。书中的许多建议与议案，本身就是集体的智慧。如汤敏、杨东平、冯晓霞、项贤明、傅维利、程方平、邵爱国、王雄、杨树兵、朱寅年等学者，如教育在线网站、人民网、我的博客与微博里留言的网友，如素不相识的老师甚至还有海外的专家等，有的人给我提供选题的建议，有的人干脆给我发来建议的初稿，希望我能够为大家代言，为中国献策，为教育呐喊。民进中央有关专门委员会的专家和参政议政部的同志，也给予了许多直接或间接的帮助。这些帮助，有些我在建议后注明，有些没有标注。

在收集资料和修订成书的过程中，民进中央的林海和滕靖南两位同志和新教育新父母研究所所长、儿童文学作家童喜喜以及冷清秋、望鱼儿等新教育萤火虫义工和新华出版社的徐光老师，付出了辛勤的劳动。没有他们的工作，这本书不可能以这样的面目和这么快的速度呈现在大家的面前。

特别让我感动的是，人大的领导和同事们给我这本小书很大的支持与帮助。全国人大常委会副委员长、民进中央主席严隽琪专门为本书撰写了序言。其中写道："共事六年来，对永新有了更深的了解，他的勤奋、执着、善于思考，特别是他对教育的那份深厚感情，给我留下了深刻印象。读罢这厚厚的书稿，为永新在人大这五年在参政议政方面所取得的成果，感到由衷的高兴。"全国人大副秘书长李连宁在审读了书稿以后给予充分肯定，指出："《我在人大这五年》一书，从一位全国人大代表和全国人大常委会委员履职的独到视角，向人们展示了全国人民代表大会这一我国根本政治制度的运行面貌。这本书是深入了解人民代表大会制度、深入了解全国人大及其常委会工作、深入了解全国人大代表和全国人大常委会委员履职的难得的好书。作为第十一届全国人大代表和全国人大常委会委员，可以说向人民交出了一份合格的答卷，实在可敬可佩。"全国人大常委、财经委员会副主任辜胜阻说，他"作为三届政协委员和两届人大代表郑重地向读者推荐朱教授的力作《我在人大这五年》。该书将揭开国家最高权力机关——全国人大运行的神秘面纱，让你了解政治文明中的'清华'"。

10 新教育年度主报告

湖北教育出版社
2014年7月版

从2003年开始，新教育每年都会召开年度研讨会，每次会上我都会做一个演讲，也就是每一年新教育的主报告。其中，2004年和2005年分别召开了两次大会。2006年，新教育组建了第一个专业团队——新教育研究中心，也正式确定在每年7月的第2个周末召开年度研讨会。

这本书，就是每年新教育年会主报告的记录。从《过一种幸福完整的教育生活》《共读共写共同生活》《知识、社会生活、师生生命的深刻共鸣》到《书写教师的生命传奇》《文化，为学校立魂》《活出中国文化的根本精神》，再到《缔造完美教室》《研发卓越课程》，新教育每年都会冲击一个新的教育高度。

我永远无法忘记，围绕着永恒的新教育主题，奔波在大江南北的旅途中，我和无数新教育同人的畅谈。是这些围绕实际问题的具体碰撞，成为主报告里的火花。我更是衷心感谢新教育研究中心专业团队，从2007年开始负责起草主报告。是这些凝结着汗水也闪烁着智慧的篇章，大大减轻了我的辛劳。当然，我也由衷感谢卢志文、许新海、李镇西、张荣伟、李庆明等十几位同人，他们组成了“网络团队”。是这些网络上的反复琢磨、推敲、讨论、修订，才有了集体智慧的最终呈现。从2012年起，我们还在每年4月围绕主报告开展专题研讨会和新教育开放周，汇聚全国新教育人的研究成果，邀请国内各界教育专家把脉开方，让新教育能够博采众长。

我已经很多次听到朋友们说，新教育主报告既有理论高度引领，又有一线操作指导，主报告的主题甚至成为当年中国教育界关注的重要话题。如果此言属实，那么，如此的美味，的确因为这是全体新教育人熬制的“石头汤”。如果此言夸张，那么我必须担负主要责任。因为围绕每年年会主题的确定，我不仅会制订个人的详细阅读计划，而且在主报告成稿期间，我会对不同观点进行抉择，亲自反复润色修改，并在文字稿的基础上再次删改与增补，直接进行演讲稿的拟定。

对于新教育来说，2006年是一个特殊的年份。真正意义上的新教育专业团队形成，是这一年以在北京清华大学礼堂召开的第六届年会为标志。这一年，魏智渊、干国祥、马玲、陈美丽、严盈侠等正式加盟新教育，组建了新教育研究中心。这一年，新教育正式提出了“过一种幸福完整的教育生活”的核心理念。很遗憾的是，2003年首届研讨会和2005年在吉林召开的第五届研讨会“新教育实验与教师专业成长”的两次演讲记录已经遗失。

我们新教育人把教育理想扎根在教育田野中，把教育行动深入到教学现场中，进行认真的梳理，精心的总结，形成了新教育主报告，思考着，行动着。感谢所有新教育同人，也感谢我们自己创造的新教育，同时在锻造出更好的自己。路漫漫其修远，为了让更多人过一种幸福完整的教育生活，我们还需要继续努力。我也相信，这一路同行，上下求索，我们也因此拥有了幸福完整的教育生活。

湖北教育出版社
2014年7月版

11 教育的诗意

——朱永新教育序跋录

山西教育出版社
2014年5月版

这是一本关于书的书。

这些年，为朋友的书写过不少文字。有些是为朋友的精神或者学问感动，情动于心而形之于文，甚至是我主动为朋友写的推荐；也有一些是受出版社或者朋友之托，从文字中走近这些平日我所不熟悉的人；还有一些是为了鼓励我的学生，鼓励一线的新教育同仁而写出的感言。这些文字缘起不一，但内容基本上离不开教育，因此称之为教育序跋录。

序跋是我比较喜欢看的一种文体。谢大光先生在《序跋的念想》中曾经写道："在我为数不多的文字中，常有念想的，就是这些序跋了。它们每一篇都连着一段难忘的记忆，每每想起来，总会感觉到暖意。"徐少康先生在《爱读序跋》一文中也说："好的序跋知人谈书，回顾展望，有见地、有性情、有文采，可作文论读，可作索引读，可作传记读，更可作美文读。"两位先生的确道出了序跋的个中三昧。

山西教育出版社
2014年5月版

写序跋是一件费力的事情。序跋写得如何，全看对这本书的感觉。因此所写的序跋虽然字数不多，但需要读许多作品，不仅要读为之写序跋的书，有时候还需要读关于这个作者和关于这本书的主题的相关著作，才能够写出高水平的序跋。

不过，写序跋通常也是一件让人开心的事情。因为写作过程往往是咀嚼友谊、回味幸福的过程。写作的过程中，我经常回忆起与作者交往的历程，回味我们曾经共同度过的时光。这本序跋中的许多文字，有的是为我尊敬的老师写的，如南通的特级教师李庾南、天津的模范班主任张万祥、北京青少年研究中心的孙云晓等，有的是为我亲密的友人写的，如高万祥、冯卫东、袁卫星、卢军等，也有的是为我优秀的学生写的，如李镇西、苏静、李庆平等，还有一些是为素不相识的网友写的，如申屠、衣奎伟、里下河等。甚至有些是我主动要求写的，如王开东的《非常课堂》、庄惠芬的《魅力数学课堂》等。当然，也有的是我受人之托写的。

写序跋既辛苦，也幸福。为他人做嫁衣是一种快乐，何况做的是一件充满诗意的教育嫁衣呢？我一直说，教育是诗意的事业。教育是一首诗，教育工作者就是诗人。教育需要我们用宗教般的虔诚和激情去工作，需要我们有诗人般的创造和灵动，需要我们像年轻人一样怀有梦想和期待。

我在后记里说：这本小书，就是这样一件由诗意的嫁衣重新裁剪的衣裳，我也希望它能够让大家从中感受到教育之诗的激情与温暖。

12 教育的方向

——朱永新教育网事录

我是在2002年接触网络的，不仅创办了教育在线网站，而且利用网络了解民意，参政议政。

自从上了网，我感受着年轻的快乐。与年轻的教师们一起交流，与年轻的思想在一起碰撞，那种热情与勇气，那种专注与执着，似乎也让我一再重回那热血沸腾的青年时代。

自从上了网，我更多地听到了真话。网络上观点鲜明的帖子及毫无顾忌地评论（尤其对教育现状的批评），让我多了一份冷静，多了一点思索，多了一点压力，更多了一点前行的动力。

自从上了网，我发现了一大批教育英才。我结识了原本素不相识的一批优秀教师，从苏州到全国，他们是网络精英，也是真正的教育英雄。

自从上了网，我离媒体更近了。过去与报刊等媒体都是书信来往，电话联络，周期很长，操作太慢。现在大家相会在网上，无论是约稿、投稿，还是修改交流，须臾之间即可完成。

自从上了网，我开始更多地关注“外面的世界”。我能方便阅读到大量鲜活的资料与评论，足不出户地观察到各地的教育

山西教育出版社
2014年5月版

动态。面对大伙儿坦诚的心，我觉得自己多了一份使命感。在网上，我会随时留下我为中国教育改革发出的呼声。

我曾说过，在中国教育界，我不是最有学问的人，但是我是离一线老师最近的人，近到可以听见老师们心跳的声音。在政府官员中，我也不是最有水平的人，但我也是离群众比较近的人，能感受到他们的喜怒哀乐。导致二者的重要原因之一，是因为网络。从最初的论坛，到后来的博客，再到近年的微博，我都是最早试水的网友之一。

这些年来，我的政协提案、人大建议的灵感和素材，许多都来自于网络。我的学术研究，也直接获益于网络。每一年的两会，我也以网络为媒介，与网友零距离交流，把两会的声音及时与网友分享。

在人民网、新浪网、腾讯网的官员微博中，我一直居于前十名，在腾讯和新浪的听众分别超过了460万和340万。我坚持专业立场，先后发表的近10000多条微博和近千篇博客，真正让网络成为我传播正能量的一种有效方式。

这本《教育的方向——朱永新教育网事录》收录了我从2003年到2013年十一年间在人民网、新浪网、新华网、腾讯网、网易网等进行的38篇访谈实录。

这些访谈，是我网络参政议政的小小心得，也是我与网友们分享我的思考和探索的过程。其中，大部分访谈是在每年两会期间进行的，因此也是我对两会精神的学习体会。

为了真实地记录“网事”，这次整理时，尽可能保留“原生态”的形式。但对其中的部分访谈还是做了适当修改，主要是删除了两人或者多人访谈时其他人的访谈内容，各个访谈之间重复的内容。另外，对部分访谈的内容和文字进行了少量修改。

著名国画家杨明义先生，为本书提供了精美的江南风情画作为插图，为本书增色许多。

13 新教育

这本书先后出版过多次。首次于2009年由漓江出版社出版，2010年以后每年由文化艺术出版社出版年度修订版，2014年再次由漓江出版社出版修订版。每次出版，都与责任编辑文龙玉有关。

2006年7月，新教育实验第六届研讨会开幕式在北京清华大学举行。这次会议上，认识了漓江出版社的文龙玉老师。她说，她被新教育人的梦想与激情感动。她说，她希望让更多的人了解新教育、走进新教育。她说，她期待我能够为漓江出版社写几本关于新教育的图书。

我告诉她，我的《朱永新教育文集》已经在人民教育出版社出版，实在没有时间写新的作品了。她说，漓江出版社的市场能力非常强，可以更好地传播新教育的思想。她还说，他们可以选编传播我的书稿。

禁不起她的“游说”与“鼓动”，我只好答应把选编的权利交给漓江出版社。一年以后，文龙玉给我寄来了一本新书《走近最理想的教育——著名教育家朱永新教育精华》。书印得非常

漓江出版社
2014年5月版

精美大气，就像一个没有经过十月怀胎的孕妇，突然看见自己的孩子竟然出生了，我看着新书，虽然有喜悦，但是更有说不出的感觉。

2008年年底，文龙玉老师告诉我，这本书已经三次印刷，又脱销了。我突然想起，自己还没有认真看过。漓江出版社的服务精神虽然让我感动，文老师的敬业态度虽然让我感佩，但毕竟这是我自己的作品啊！

于是，我利用周末好好翻阅了这本小书，发现了不少问题。首先，封面上的“著名教育家朱永新教育精华”让我坐立不安。在自己的著作上面印上“著名教育家”，实在不可思议。

我坚持修订版一定要拿掉这个强加给我的“称号”。其次，全书没有前言、后记，似乎一条龙没有眼睛。没有交代这本书的编辑过程，没有说明是出版社自行选编的。所以，2009年修订时，我对全书做了比较大的修改，加了一篇序言《我们还需要教育理想吗?》，同时写了后记，告诉大家全书的形成过程。

再次，书中有一些疏漏甚至错误。这不是文老师的过错，而是我的责任。让文老师从几百万字的书稿和海量的网络中选择几十万的文字，实在是难为她了。如原书的《新教育实验与学校管理》，是我在中央电大的讲座，当时没有经过整理，更没有经过我的审查，就直接被发到网络上了，里面有一些提法不太妥当，也有不少错误。而这些错误，编辑一般是难以发现的。

这些问题，让我非常难过。我开始下决心认真校对，全面修订。所以，2009年的修订除了把书名改为《新教育》，增加了前言、后记外，删除了整个第一部分十多万字，增加了《新教育精神》《什么是新教育》《新教育在哪里》等反映新教育最新研究成

漓江出版社
2012年版

果的文章，同时增加了介绍新教育实验的具体操作的内容，使之成为全面阐述新教育实验理念和实践的文本。

我一直认为，新教育实验是一锅“石头汤”，是新教育人的共同创造。这本书也是大家智慧的结晶。其中关于新教育发展、理想课堂的部分是新教育研究院的共同成果。

2010年，由于文龙玉老师的工作调动，这本书也因此改由文化艺术出版社出版。新教育实验每一年都有新的进展，新的故事。因此，需要有新的言说，新的记录。从2010年开始，根据新教育年会的主题和新教育实践的拓展，《新教育》一书也不断修订，一直到2014年的这本漓江新版。这本书，还会继续修订下去。

14 朱永新教育小语

2002年，教育在线网站开张后，为了聚集人气，吸引教师参与，我开设了《朱永新教育小品》专栏，先后发表了《教育，我的最爱》《朱永新成功保险公司开张启事》等短文，受到了一线老师的欢迎。

2003年，网友“言者”和“干干”合作，建了一个名为“干干歪读朱永新小语”的专帖。由言者每天从我的文章中选取一句话作为“小语”，然后由干干点评，或补充解释，或借题发挥。比如选了我文章中的一句“应试教育只有一个英雄，新教育实验让每个人都成为英雄”，干干解读为“改变的不是英雄的数量，而是英雄观——橡树结出橡子是英雄，小草覆盖大地是英雄”。干干的“歪读”不仅一下子让许多网友认识了这位颇有思想的教育“和尚”，也让我的教育小语受到了更多关注。

2004年，吴江的一位年轻教师费建妹从我的著作、文章以及网友的帖子中选出了267条教育小语，以《朱永新教育小语集锦》为题专帖发布。她在说明中提出：朱老师的“小语”虽小，但内涵极其丰富，很值得每一位教育工作者细细品味。

福建教育出版社
2013年9月版

就这样，很快就有出版社希望出版《朱永新教育小语》。可我一直对“语录”有敬畏之感，对自己出这样的“语录”更是心怀恐惧。虽然不断有出版社向我提出此类合作，也看到许多此类小书，无论装帧、内容都品质不俗，比如2009年底冯骥才先生送我一本《灵性》，这本三联出的新书特别精致典雅，收录了他的“语录”451条，但也只是由衷欣赏，再无他念。

直到一件事情改变了我的看法。

2012年两会期间，我把新出版的16卷《朱永新教育作品》送给冯骥才先生。他认真地说：“永新，16卷我没有时间看完的。能不能把你的思想用一本小书，甚至是语录体的小书，整理出版呢？这对于传播新教育可能更有价值。”

我幡然醒悟，当时就下决心找时间做这件事。

2012年，业余时间读了不少书，基本通读了25卷的《叶圣陶集》和5卷本的《苏霍姆林斯基文集》，并将其中的精彩文字，用每日《新父母晨诵》的方式与网友分享。吴法源兄见到以后，马上约我编选《叶圣陶教育箴言》和《苏霍姆林斯基教育箴言》。

2013年初，我们在讨论这几本书的方案时，法源建议，干脆朱老师你自己也出一本吧！我岂敢与大师并列，立即婉言谢绝了他的好意。直到当晚进行编选工作时，想起了冯骥才先生的叮咛，觉得还是有必要整理这样一本格言体的小书。当然不敢自命“箴言”，还是用《朱永新教育小语》的书名更合适。如果读陶行知、苏霍姆林斯基是与大师对话，是享受精神盛宴的话，读我的小语，只是与邻居家的大哥交谈，茶余的小点心而已。

智者千虑，必有一失；愚者千虑，必有一得。一直走在教育的路上，如果我这沿途所得能够让你也有一点收获，我也就心满意足了。

15 书香，也醉人

这本书的书名来自这样一首小诗："茶亦醉人何须酒，书自香我何须花。酒不醉人人自醉，花不迷人人自迷。"多年前看到这首小诗时，就特别喜欢。当编完这本书稿，考虑书名时，"书香醉人"四个字一下子就冒了出来。

生活节奏越是匆促，越需要保持从容的心境，精神世界污染越重，越需要浸染一份醉人的清香。传统的纸质图书飘溢着纸和墨的香味，随着电子书的普及，纸质图书的命运已经受到了很大的挑战。如今的电子书尽力在模仿纸质书的所有细节与功能，包括翻页的声音、墨汁的痕迹，或许在将来，也能模拟出纸和墨的香味。我相信，改变的永远是形式，而实质的内容，精神的书香，永远不会消失。

这本书其实是命题作文，从内容到题目，没有更大的选择空间。2013年初，海天出版社的于志斌副社长给我寄来了他们的"本色文丛"的三本书：《纸老，书未黄》（徐雁）、《阅读，与经典同行》（王余光）和《近楼，书更香》（彭国梁）。徐雁、余光都是我的好朋友，出版社希望我也能够为丛书添一本新书。本准备全部用新写作的与阅读有关的文字，包括读书笔记和部分序跋。但责任编辑李向群建议选用一些已经发表的关于阅读的文字，她希望这本书成为一本推广全民阅读的精品读物。所以，本书既包括了我关于阅读的基本主张，也包括了我近年来关于阅读的呼吁、建议、实践，可以说，是一本简约版的《我的阅读观》。

我在这本书的后记中写下了这样几句话自勉：“书香醉人，手有余香。为推动阅读而鼓而呼，我愿永远行走在这条芬芳的路上。”

海天出版社
2013年7月版

16 滴石集

2011年6月初，我到上海参加民进中央与上海社会科学院合作的会议。晚上与陈思和教授、栾梅健教授、贺圣遂社长等小聚。思和先生送我一本他的《脚步集》，是复旦大学出版社“三十年集”系列丛书的一种，装帧精美大气，创意新颖独特，看后爱不释手。

贺社长介绍说，书的作者都是当今活跃在学术界和文化界的著名学者与知识分子，有朱学勤、周国平、郑也夫、俞吾金、萧功秦、钱理群、陈家琪等，30年来，他们为了一个信念、一份眷念，不懈地寻觅着。出版社试图通过出版他们的自选集，记录这些“特立独行的思想者、精神家园的守护人”的心路历程，通过他们个人的独特道路，展示我们时代的独特风貌。

贺社长看到我很喜欢思和教授的这本书，就鼓动我说“临渊羡鱼，不如退而织网”。本来他们的计划是30年30人，但现在丛书已经出版了37本。因为其中没有教育学者入选，总觉得有些遗憾。“你正好自投罗网，就帮我写第38本吧！”这个晚上，喝了两瓶梅建兄带的茅台，基本上是我与圣遂兄喝下去的。借着酒兴，我答应了下来。因为我与儿子都是复旦大学的校友，能够为母校的出版社尽点心力，自然非常开心。这就是本书写作的缘由。

于是，以思和兄的《脚步集》体例为模板，开始了紧张的选编工作。序言、正文、附录、规模，都是尽可能参照模板进行。用了近一个月的业余时间，总算大功告成。按照体例，必须写一个30年人生旅程和学术生活的小结，所以按照时间与主题两个维度整理了一篇《在学海中遨游——30年治学生活回顾》作为自序，详细记录了自己从大学读书到毕业留校任教，再到政府担任副市长等不同阶段的研究经历。正文从1981年到2011年共选择了37篇文章，每个年度的选文前有该年度的学术“纪事”，书后附录有《朱永新著述表》，收录了这个时期出版的著作。

复旦大学出版社
2012年6月版

17 教育的使命

——朱永新教育讲演录

这本书是我从近10年来近百次的讲演中精选出来的，大致分为三个部分。第一部分《携手共圆新教育之梦》，共收录讲演稿10篇，主要是关于新教育实验的内容，基本上是我在新教育年会和新教育实验区工作会议上的讲话，听众也基本上是新教育人。如果与第一本讲演录《过一种幸福完整的教育生活》对照起来看，大致可以看到新教育十年来走过的路程。

第二部分《把最美好的东西给最美丽的童年》，也收录了讲演稿10篇，主要是关于阅读方面的文字，其中“成功六字诀”“理想的校长应该有什么”“做一个让学生瞧得起的教师”等，也与阅读有关。因为主题基本相同，尽可能删除了原讲演中重复的材料。

第三部分《用科学发展观引领中国教育》，同样收录了讲演稿10篇，主要是相对宏观的教育问题，涉及教育管理体制改革、农村教育、职业教育、民办教育、教育科研、教育创新等问题，反映了我关于中国教育改革与发展的基本想法。

需要说明的是，讲演录中我特别收入了几篇非常简短的讲演稿，如“永远的故乡”“母校，我的天堂”等，出版社一开始没有“相中”它们，但我还是坚持应该收录。一方面是能够反映我对于故乡和母校的情感，更加重要的是，我认为这几篇讲演的现场感强，节奏感好，是真正的讲演。

书名定为《教育的使命》，是因为收入本书的最近的一篇讲演录名为“出发吧，带着使命，带着爱”。是的，在一个人生价值受到市场价格冲击的时代，唯有使命，才能让生命的尊严重于生活的压力，才能让平凡的生命焕发出蓬勃的生机；在生命的意义不时被生活的意义所困扰的当下，唯有使命，方能鼓起遥望远方的风帆，让我们从麻将桌上，从柴米油盐，从声色犬马，从官宦资财，从一切世俗的羁绊中，找到一个教育工作者的方向。使命，梦想，理想，是新教育能够走到今天的原动力！

山西教育出版社
2011年6月版

本来这本书是应文龙玉老师之邀交付文化艺术出版社出版的，他们甚至已经出了清样。但是我的好友山西教育出版社总编辑刘立平兄专程几次到北京索要书稿，被他的精神所感动。心想，有饭大家吃，反正文老师手中还有我的几部书稿压着呢！我的许多书稿，就是这样被朋友“逼”出来的。

18 教育的承诺

——朱永新教育访谈录

山西教育出版社
2011年6月版

这本书收录了39篇对话，是从100多篇采访中选编的。限于篇幅，还有许多精彩的访谈录，尤其是内容相似的对话采访，就没有收录进来。

山西教育出版社的刘立平先生和责任编辑李梦燕女士为这本书做了大量工作，一些访谈稿件我自己手边已经无法找到，是他们通过各种途径找来，而且对于部分文字做了调整。我的朋友，国家博物馆的画师陆天宁先生，为这本书提供了精美的国画。他是我最喜欢的画家之一，精致中有豪气，让人有想象的空间。

访问、交谈，是心与心的碰撞，文字将这凝固为更长久的无声沟通，但语言文字只有落实到行动中，才有真正的力量。教育一诺千金，我将此作为我的行动指南。

19 中国教育思想史（上下）

这本书其实是我的《中国教育思想史》的第三版。第一版在20世纪90年代出版，书名为《中华教育思想研究——从远古到当代中国教育思想的成就与贡献》。2003年，人民教育出版社出版了十卷本《朱永新教育文集》，其中第二、三、四卷分别是《滥觞与辉煌——中国古代教育思想史》《沟通与融合——中国近现代教育思想史》和《嬗变与建构——中国当代教育思想史》，这可以视为本书的第二版。

2007年，上海交通大学出版社编辑任雅君来函约稿，说准备把这本书收入该社的《中华文明史研究大系·思想史卷》。于是开始考虑修订事宜。第三版的修订经历了四年的时间。一开始，我忙于公务，约请我的研究生苏州大学教育学院的谢竹艳老师帮助我查阅资料，修改补充。后来，又约请原新阅读研究所的朱寅年先生帮助我继续修订校对。他们都为这本书做出了重要的贡献。这次修订，对几百处引文进行了重新核对，同时对当代部分补充了大量最新的资料。感谢雅君同志给予了足够的耐心，让我们从容地完成了本书的修订工作。

原中国教育学会会长顾明远教授和原中国教育科学研究院院长袁振国教授对本书给予了较高的评价和热情洋溢的推荐。顾明远先生在推荐语中写道：“由苏州大学博士生导师朱永新教授撰写的《中国教育思想史》，系统地研究了从远古到20世纪

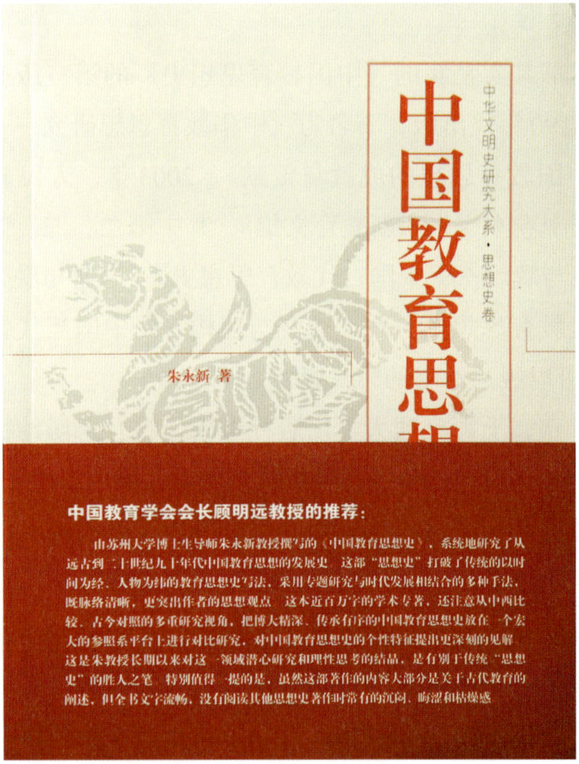

上海交通大学出版社
2011年6月版

上海交通大学出版社
2011年6月版

90年代中国教育思想的发展史。这部思想史打破了传统的以时间为经、人物为纬的教育思想史写法，采用专题研究与时代发展相结合的多种手法，脉络清晰，突出了作者的思想观点。这本近百万字的学术专著，还注意从中西比较、古今对照的多重研究视角，把博大精深、传承有序的中国教育思想史放在一个宏大的参照系平台上进行对比研究，对中国教育思想史的个性特征提出更深刻的见解。这是朱教授长期以来对这一领域潜心研究和理性思考的结晶，是有别于传统思想史的胜人之笔。特别值得一提的是，虽然这部著作的内容大部分是关于古代教育的阐述，但全书文字流畅，没有阅读其他思想史著作时常有的沉闷、晦涩和枯燥感。”袁振国教授的推荐语是：“朱永新教授不仅对中国的教育发展有着深刻的反思，他还是一位思想活跃、笔耕不辍的学者与实践者。多年来，朱教授完成或参与完成了多部学术著作，具有深厚的思想史研究基础。这本《中国教育思想史》历史跨度大，系统总结、分析了从远古到新世纪中国教育思想史的发展历程，并特别提出了中国教育思想的独特贡献和学术成就，对于弘扬中国传统文化具有重要意义，充分展示了朱永新教授学术视野开阔、学术功底深厚的‘另一面’，是一部优秀的学术论著。”

顾先生是我尊敬的长者，他是中国教育界泰斗式的人物，多年来对我提携帮助甚多；振国兄是我的良师益友，我们拥有共同的教育理想，也有过多次良好的合作。我把两位的褒扬，作为师友对我的期待，我会不断努力，不负厚望。

我一直认为，教育史是走进教育的最好的路径。鉴古而知今，了解我们从哪里来，才能够知道我们应该往何处去。

2014年，这本书输出了日文版版权。

20　教育的解放

多年来，我一直坚持记录自己的生活，有时详细一些，有时简略一些。几十年积累下来，越来越发现这样做的意义。其实，新教育实验倡导的“师生共写随笔”，在一定意义上也是我个人经验的体现。如果说阅读是站在大师的肩膀上前行的话，写作，其实就是站在自己的肩膀上攀升。这本书收录了我从2009年开始到2010年3月的部分文章，既是我一年多思考教育问题的记录，也是我行走新教育的写实。

全书分四辑，第一辑“生命的颜色”主要是关于教育的评论文章，第二辑“春天的约会”是我在全国两会的手记，第三辑“智者的对话”是与文化教育名家的对话叙事，第四辑“灵魂的飞翔”是为新教育同人的著作撰写的序言。

书名定为《教育的解放》，是因为我认为教育的解放仍然是教育改革与发展的当务之急。我在序言中提出，改革开放最大的成功奥秘，就是解放了生产力，解放了人民群众的创造力。因为解放了农民，我们的餐桌开始丰富起来；因为解放了工人，我们的日用消费品开始丰富起来；因为解放了资本，我们方方面面的发展速度快了起来。

教育科学出版社
2011年2月版

教育当然也不例外。我们创造了穷国办大教育的奇迹，全面普及了城乡免费义务教育，实现了高等教育从精英教育向大众化教育的转变。但是我们的教育仍然面临许多问题，还没有达到人民群众真正满意的程度。其中的一个重要原因，就是教育的解放仍然不够。所以，我们首先要解放学生。从分数的牢笼中解放孩子，让他们不再为分数而活着，让他们的个性得到张扬，让他们真正地成为自己；其次要解放教师，从考试的镣铐中解放教师，让他们不再成为考试的囚徒，让他们真正地享受幸福完整的教学生活，体验教师职业带给他们的成长、尊严与快乐；还要解放校长，从评价排名的恐惧中解放校长，让他们聚精会神地思考教育，让他们成为真正的教育的行家里手；最后还要解放教育界的厅长、局长，从一个个升学的指标中解放厅长局长，让他们不要“跑部钱进”，不要“仰人鼻息”，从对上负责变为对下负责，从对分数负责变为对未来负责。一句话，解放教育的关键是“还权”，把那些本来属于学生、属于老师、属于校长、属于厅长和局长的东西还给他们自己。

这本书也是应吴法源先生之约撰写的，他从华东师范大学出版社副社长的位置上急流勇退，成立了自己的源创教育出版机构，作为对朋友的支持，我整理完成了这部书稿交付他出版。

21 沟通与融合

——中国近现代教育思想史（繁体字版）

这本书是在人民教育出版社2004年版的基础上在台湾地区出版的。

台湾原“教育研究院”院长吴清山为本书撰写了推荐语。其中写道：

> 当网络、资讯科技的飞速发展模糊了现实与虚拟之间的界限，当地球又平又挤的竞争弱化了以人为本的作为，台湾在此以人才培育决胜的场域，如何从环境面的节能减碳教育到涵养人文、通识、社会科学为基础，如何从认识接受台湾自我地理条件的海洋教育扩充到网络通讯并延展到绿色科技，无一不是近现代两岸先后碰到的教育课题。然正因经纬万端，周延不易，擘划之精准更牵动教育以及国力大计。
>
> 西风东渐，在两岸留下先后、深浅不一的“风化”痕迹，回顾近代，我们也许见着了美景崩落，我们或许惊叹着鬼斧神工，却都在时间推移下揪紧了心，生怕迷乱了眼，失了本质。中国承袭了古代哲人源远流长的教育思

想，走入了改革开放进而发展的关键时期，西方思想与中国文化从矛盾到融合，发展出近代的洋务教育和维新教育，在更新、更多元的冲击下，中国现代教育的各方面，包含个性教育、职业教育、平民教育、乡村教育与生活教育，都有了不同的面貌。透过作者时而理性、时而感性的论述，读者将随其笔墨探知中国在近年来，通过教育思维如何转化成另一种属于中国特有的风格，并反映在各个层面，又在实践的过程中，产生了怎样的影响。

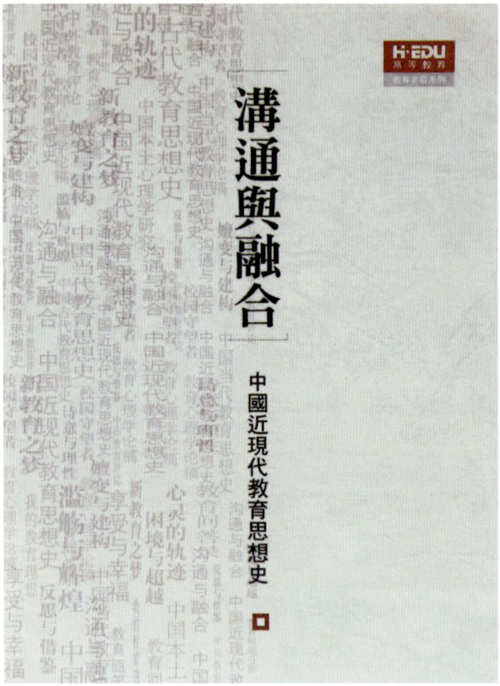

台湾高等教育出版社
2011年1月版

22 给中国教育的100条建议

这些年来由于工作的关系，走了大半个中国，看了几百所学校，既为我们教育事业的发展而欣慰，更为我们存在的问题而心忧。作为一个民主党派成员和一个研究教育的知识分子，一直把进言献策作为自己的分内之事，从20世纪80年代担任苏州市政协委员和江苏省政协委员开始，到2003年担任全国政协常委、2008年担任全国人大常委，我先后提出的提案、建议和社情民意信息，大概有近200份。值得欣慰的是，其中许多得到了各级政府的重视和采纳，如80年代末在江苏省政协会议上提出的建议将江苏省的“科技兴省”战略改为“科教兴省”战略的建议，再如在全国政协会议上提出的关于免费义务教育政策的问题，关于取消名校办民校政策的问题等。

这本书，收录的是我近几年关于教育问题的基本思考与建议，有些已经被采纳的建议，就不再收录。当然，也有一些建议，如关于改进教师职称评定工作、教育发展应该“限高”等，则是最近专门为这本书撰写的。有一些重要的建议，多次提出，但是一直没有得到很好的解决，我还是继续呼吁，如关于成立国家教育科学研究院、把全民阅读作为国家战略等。我的梦想，就是推进这些建议成为国家的教育政策，最后成为现实。希望在不远的将来，再看这本小书的时候，其中的许多建议，已经成为我们的共识，成为教育的现实。

这本书其实是集体智慧的结晶。我要特别感谢那些曾经帮助我调研、思考和撰写了其中一部分建议的朋友和学生们。每年两会前，我都会组织博士生和朋友们研究讨论教育的重大问题，都会在教育在线网站等征求网友关于教育问题的建议。也会有一些朋友主动寄来一些关于教育问题的思考与意见。这些都成为我非常有价值的素材。本书中的部分建议，就是这样形成的。如关于特殊教育的一些建议，是教育在线网站的特教论坛版主方红老师提供的资料，关于建设“全国图书资源信息网络共享系统”的建议是北京的一位大学老师提出的初稿，关于代课教师问题的建议是根据我的博士生邵爱国主持的福特基金会的研究项目成果改写的，关于农村教育综合改革的建议是我参与的民进中央大调研的一些思考。所以，这本书凝聚着许多朋友的教育智慧，在一定程度上也代表着民间的教育改革呼声。

本书的初稿在2009年底完成。2010年《国家中长期教育改革和发展规划纲要》颁布以后，许多政策渐渐明朗，书中的一些建议或者需要修改，或者需要补充，或者干脆需要删除。所以，2010年的国庆，除了10月1日去天安门参加给人民英雄纪念碑献花的仪式，10月2日去天津大学参加冯骥才文学艺术研究院组织的中国民间非物质文化遗产进校园的活动以外，我就是躲进书斋修改这个稿子。

特别要感谢责任编辑徐光和我的原学术助理朱寅年先生，在书稿的撰写、编辑、校改过程中付出的辛勤劳动，他们细致和卓有成效的工作，给本书增色不少。

本书出版以后，获得了原新闻出版总署评选的“2012年大众最喜爱的50本图书”称号，并被湖北等省选为全民阅读推荐书目之一。

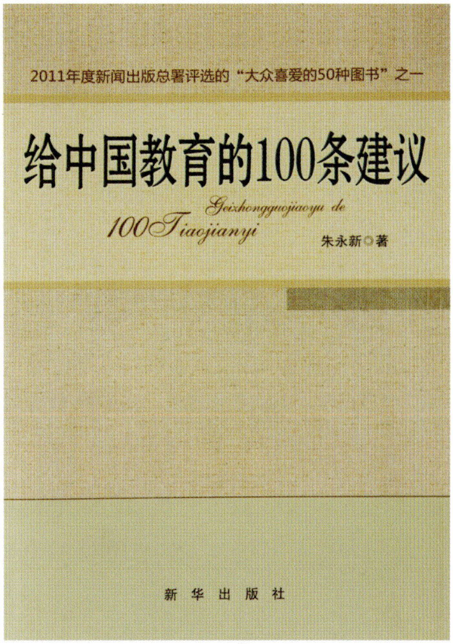

新华出版社
2011年1月版

23 教育如此美丽
——朱永新中国教育观察

这本书是我的一本“教育游记”，包括73篇在国内外考察教育的手记。

很多年以前，在一次教育的学术会议上，我曾经对顾明远教授和参加会议的一些专家们说，与大家的术有专攻相比，我只是一个教育的游客。我背着教育的行囊，不断地行走，不断地寻找风景，在美丽的地方驻足，在精彩的地方赞叹，如此而已。

如果说那时的话还有几分玩笑，现在的我，尤其是2000年以后的我，已经成为真正的“行者”了。这些年，我通过调研、会议、讲演、支教等各种形式，走遍了祖国大江南北数百所学校，从北京四中、人大附中、台北薇阁、苏州十中这样的名校，到延安老区、贵州山区的农村学校，仅仅2008年，我的足迹就遍布20个省份。

这样的行走，让我知道，中国如此之大，任何教育政策的制定都必须因地制宜。教育公平和均衡发展，应该是政府教育政策制定的主要出发点。这样的行走，也让我发现，尽管我们的教育有许多困难，但是办法总比困难多，一线干部、校长、

文化艺术出版社
2010年12月版

老师身上蕴藏着无限的创造力量，他们的故事不断告诉我们：教育原来可以如此美丽！

这些年，也有机会去国外考察、开会，无论主题是什么，我都会带着一双教育的眼睛，哪怕是在考察的途中，也要挤出时间看看当地的学校，与学校的校长、老师和学生们聊上几句。

当然，与过去意义上的“游客”不同，我不是简单地看风景，也不是简单地寻找风景。因为，从2000年开始的新教育实验，让我们在理想主义的旗帜下，在“过一种幸福完整的教育生活”的共同目标下，凝聚了一批志同道合的朋友一起行走，而我们的行走本身也成了一道风景。

有人曾经这样描写我们的新教育团队：“他们用他们的行为艺术勾勒出这样一幅图画：一群拥有教育理想的人，聚合在一个理想的平台上，跟着一个有理想的教育家，在播种理想的路上，蹒跚前行。”我自然而然地成为这个“行走”团队的排头兵。因此，我更加清楚地意识到自己的责任。我知道，如果是自己一个人行走，即使有再大的困难，再大的风险，我也可以不在乎。但是，现在我们是集体的行走，是一批优秀的年轻教师与我们一起行走，我必须对这个团队负责。

所以，我曾经对自己说，无论有多大的困难，都要坚定地沿着这条路走下去，我会把自己的一切都交给这个伟大的事业。在苏州做副市长的时候，曾经有许多朋友都笑我傻，许多亲人都说我痴：在这样一个美丽富裕的城市，做这样一个还不算太小的官，为什么不活得潇洒一些呢?

偶尔，我也会问自己这样的问题。但是，因为我们已经在路上，因为有如此多的朋友一起在路上，我们已经别无选择。在路上，虽然有这样那样的无奈，但是也有各种各样的精彩；在路上，虽然有过犹豫和彷徨，但是更有喜悦与辉煌。无论是在常瑞霞、郭明晓等老师的教室里，还是在山西绛县那片古老的土地上；无论是“晨诵、午读、暮省”的新教育儿童生活方式，还是“专业阅读、专业写作、专业发展共同体”的新教育教师发展模式，也都让我发现：教育原来可以如此美丽!

24 滥觞与辉煌

——中国古代教育思想史（繁体字版）

这本书是在人民教育出版社2004年版的基础上在台湾地区出版的。

台湾“教育研究院”院长吴清山为本书撰写了推荐语。其中写道：

> 当前台湾积极发展教育，致力推动庶民教育，教育普受社会大众重视，然而生活脉动与现场教学之紧密结合，却显得既复杂又局限，有待突破。身处21世纪，中国身处西方话语浪潮席卷全球之际，生活在台湾的莘莘学子以及身负文化传承的学者涵泳于西方思潮之下，对于中国古代思想似乎兴味渐失，让人不禁忧虑教育扎根的确实性。
>
> 然而，尽管哲人已远，典型仍在夙昔，欣见高等教育出版社即将出版中国教育之《滥觞与辉煌》，具有其时代意义。
>
> 作者朱永新博士博学多闻，对于中国古代教育思想的起源、发展、特质及理论基础之透彻理解，使其对于中国教育思想之教学论、教师定位与读书方法的剖析层次分

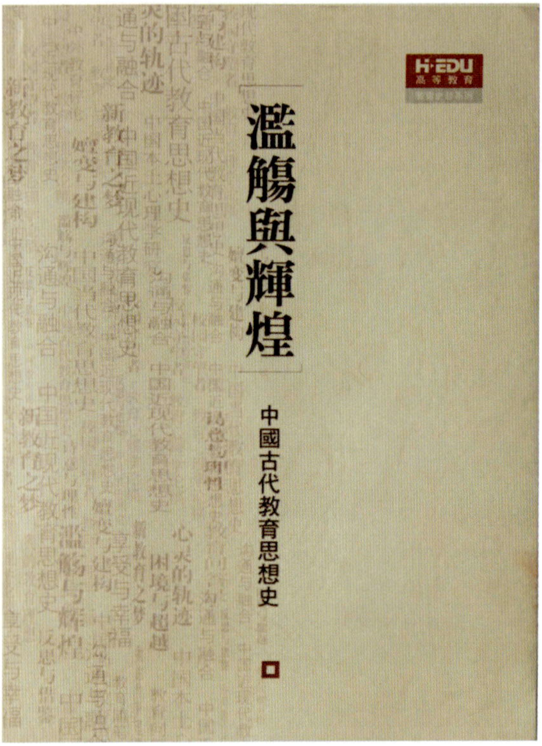

台湾高等教育出版社
2010年10月版

明，且进而探究古代科举、书院与教育兴革之间的微妙关系，以及古代启蒙教育的重要性与影响，具有独特见地。

朱永新博士现为中国教育界知名教授，或许其历经政府官员、教师、研究者及家长等多重角色，让其著作得以从更宽广的视野，去认识和分析中国古代思想的递嬗，得以用如此感性的笔触娓娓道出理性的议题，却丝毫不乏味。拜读之后，特乐意为之序，并予以推荐。

25 心灵的教育

这是应主编石中英教授之邀，为“中国中青年教育学者文丛”编写的一本自选集。自选集是中国教育学会中青年教育理论工作者协会组织的项目，中英兄是理事长，我曾经是这个协会的副理事长，在焦作、苏州召开的中青年教育理论工作会议上，我们有过许多交流。朋友的盛情，自然是不能推却的。

我曾经对朋友说，我这一生是为教育而来的。做学生，当老师，干分管教育的副市长，现在又到了以教育界为主要界别的中国民主促进会，都是和教育有关的。所以，整理一本教育的选集，似乎并不太难。但是，在几百万字的文章中间选哪些东西，也不是一件容易的事情。

首先是确定主题。《心灵的教育》是我一直想写的一本书的书名，因为我一直认为，教育其实就是心灵的艺术，教育的重要目标，就是让人们能够拥有美好的心灵。而我们进行的新教育实验探索，也是把拯救心灵作为重要的追求的。

其次是选哪些文章。我把文章分为三个部分，第一部分《过一种幸福完整的教育生活》是关于新教育实验的，这一组6

安徽教育出版社
2009年5月版

篇文章基本上是第一次正式发表，是我在几次新教育实验的重要会议上的讲话，还有推荐给新教育人的几篇读书笔记。通过这个部分，大致可以了解新教育实验的发展历程与主要内容。第二部分《借一双发现教育问题的双眼》由5篇文章组成，是关于教育发展历史的。我一直认为研究任何学科首先要研究它的历史，它会给我们一双发现问题的“慧眼”。新教育实验自然也应该从教育思想中间汲取营养，形成自己的思想高度。第三部分《做一个扎根教育田野的泥腿子》包括“科学发展观与中国教育改革”等8篇文章，是关于中国教育的重大现实问题的，我非常赞赏教育研究的田野立场与“泥腿子”精神，主张教育研究必须“上天”（提出有价值的教育建议，为国家的教育决策服务）、“入地”（深入教育现场，为教育教学改革服务），这个部分的许多文章，就体现了我在这方面的思考与努力。非常高兴的是，其中许多建议，已经被国家有关部门采纳，变成具体的教育政策。

26 回到教育的原点
——朱永新最新教育随笔选

这是一本教育随笔集。全书分为三个部分：第一部分《谁偷走了教师的幸福》主要是我关于宏观教育问题的思考，也是我参政议政的部分成果。无论是关于《2020年国家中长期教育规划纲要》的制定，还是和谐社会的教育问题；无论是汶川大地震后的教育重建，还是和北京奥运会有关的教育问题，我几乎都有一些自己的思考与探索。这本书收录了其中的一些文章。第二部分《为什么阅读很重要》是我关于阅读问题的一些主张。我一直在为阅读吆喝，呼吁建立国家阅读节，我坚持认为，阅读是我们这个民族面临的最重要的事情。我和我的新教育同人们，一直在推动着书香校园的建设。目前，“晨诵、午读、暮省”的新教育儿童生活方式，“毛虫与蝴蝶”的儿童阶梯阅读，以阅读为基础的“教师专业成长地图”等项目，

安徽教育出版社
2009年1月版

安徽教育出版社
2009年1月版

已在许多新教育学校蓬勃地开展。我在书中讲述了其中很小的一部分故事。第三部分《如果不燃烧，请悄悄走开》是写那些曾经感动过我的人与书，大多数仍然与阅读有关。无论是梁漱溟的飞扬与落寞，还是蔡元培的公民道德建设；无论是顾明远的博大与慈祥，还是许嘉璐的教育情怀；无论是新教育一号义工营伟华的睿智与执着，还是与新教育同行的王海波、章敬平、吴国平、赵一平，甚至海峡对岸的慈济人，都给了我太多的感动。我经常对我的团队讲，这是一个仅靠个人不可能成功的时代，成就一番事业需要凝聚一批怀着同样梦想与激情的人，用我们毛毛虫与蝴蝶的语言说，就是要“寻找尺码相同的人”。

这本书原本是准备给另外一家出版社的。应石中英教授之邀，为他主持的“中国中青年教育学者自选集”写了一本《心灵的教育》，这本书由安徽教育出版社出版。在与责任编辑杨多文先生交流时，他准备直接把这本随笔集纳入该社即将推出的“教育家之思”丛书中去，征询我的意见。我婉言谢绝了。我觉得这样做对不起中英兄的一番美意，也没有兑现自己对朋友的承诺。因此，我答应多文先生，另外帮“教育家之思”写一本书。好在我还算勤奋，每天坚持阅读和写作，博客中积累了大量发表和未发表的教育随笔。于是利用两个多月的时间，将这些随笔分类整理，从近几年完成的约100万字的文章中选出了100余篇20万字的初稿。

本书撰写过程中得到魏智渊先生和韩小刚先生的帮助。我在后记《梦想创造辉煌，行动改变世界》中特别介绍了有关本书撰写的相关情况。

27 过一种幸福完整的教育生活
——朱永新教育讲演录

华东师范大学出版社
2013年版

这本书的第一次出版是在2008年汶川大地震以后不久。

说起来大家可能不相信，我本来也是一个不会说话的人，更谈不上演讲了。小学的时候，我甚至有很长一段时间“结巴”，不愿意讲话，经常是一个人沉浸在书本之中。到了中学，情况有所好转，但也只是与好朋友交流交流。所以，读大学之前，我好像连小组长也没有干过。

进大学以后，读到一本传记，其中讲到这个传主如何把石子含在嘴里训练口才的故事，对我的震动很大，我开始意识到表达与沟通能力的意义，于是经常主动地讲话发言，甚至愿意“承包”别人不太愿意做的事情，代表小组交流讨论的结果。尽管有时候也出洋相、闹笑话，但是我行我素，依然如故。慢慢地，我发现自己会说了，自信了。

我个人的这段经历，成为后来新教育实验的六大行动之一——“培养卓越口才”产生的重要背景。我一直认为，人的表达与沟通能力是非常重要的，也是一个人一生中最需要的东西之一。无论从事什么职业，善于表达和沟通的人，总会有更多的机会。教师，是以“舌耕”为业的，自然应该有语言表达的能力；领导，是以鼓动激励为重要工作内容的，自然应该是演讲的高手；企业家，要营销自己的产品，自然应该“巧舌如簧”；演员，要感动观众，不仅讲话要抑扬顿挫，甚至要调动肢体语言。就是我们每一个普通的人，在日常生活中间，这种表达与沟通的能力也是不可或缺的。人与人的矛盾，90%是由于沟通不畅造成的。

在新教育的实践中，我们逐渐认识到，口才训练、沟通技巧固然重要，但如果没有思想的力量，再好的口才也是不能够感动人的。所以，我们在新教育实验中提出“要想说得精彩，必须思考得精彩”。讲演的最高境界，已经不是语言，不是激情，而是思想。阅读是思想之母。所以，新教育实验强调阅读，主张“营造书香校园”，认为一个人的精神发育史就是他的阅读史，在学校里开展了“晨诵、午读、暮省”的新教育儿童生活方式，进行了“毛虫与蝴蝶”的儿童阶梯阅读。

当然，在日常生活中间，“说”的前提是“听”。说话的艺术在很大程度上取决于听话的艺术。善于聆听的人，才能够激发起对方表达与沟通的兴趣，才能够深入了解对方的思想与意图，也才能够真正地说到位、说清楚、说流畅。所以，我一直主张语文教学还应该教会学生聆听。如学会在别人讲话的时候眼睛看着对方，学会用心理解对方讲话的要点与目的，学会用肢体语言积极地反馈和肯定等。其实，聆听本身也是对人的尊重。

践行新教育实验六年来，我还深深地懂得，讲演的效果不仅取决于思想的深刻，也取决于行动的力量。六年前，我决定将新教育实验懵懵懂懂的思想变成行动时，我怎么也没有想到，她会变成燎原星火，凝聚了一群教育理想主义者，感染并影响了百万师生。尽管新教育实验还存在诸多亟待完善的细节，距离我们的教育理想还很遥远，但我们毕竟上路了。行走的日子里，我们开始将“只要行动，就有收获”，内化成我们的哲学。收录于本书的部分讲演，与其说是讲出来的，不如说是做出来的。

华东师范大学出版社
2008年8月版

行动中的我，在知天命之年，开始懂得讲演的最高境界，不是用“嘴”说话，而是用“心”说话。在写作这本书的第一版序文的时候，我们新教育实验团队的骨干成员，当时正在四川大地震后建立的八一帐篷小学，用新教育实验倡导的心灵的教育、爱的教育、生命的教育，抚慰劫后余生的学童们那满目疮痍的心灵。我们的团队赶赴灾区后，很快就与北川教师进修学校的校长徐正富走到了一起。讲到自己眼睁睁地看着学生向自己求救并死在自己面前，而自己却无能为力，一向乐观健谈的徐正富，一次次流出揪心的泪水。他们说，北川几所学校损失惨重，而北川很多很多教师仍然坚守岗位呵护学生，即使他们中的许多人也丧失了亲人。记者来采访，上级部门要写事迹材料，没有人愿意写，因为整个教师群体都是好样的。

听到他的故事，我再一次明白，在洁净的心灵面前，语言是黯淡的。演讲者需要训练的是技巧，是思想，是行动。然而演讲再好未必诚实，离开了爱人、爱世界的心灵，即使最高技巧的演讲也会蜕变成缺乏人性的煽动。

汶川大地震前一周，北川县教育局局长尚勇带着包括徐正富在内的21位校长，去了我们在翔宇教育集团的实验基地，观摩了我们的新教育小学，并且决定在北川这个民族自治县全面推行新教育实验。他们原定是5月12日在我们新教育小学的开放周来的，但是由于一些原因，他们提前一周来了。没有想到，就是在12日这一天，壮志未酬的尚局长永远离开了我们。徐正富说，大地震过后，尚勇局长的妻子一个灾民区一个灾民区地寻找自己其实已经遇难的丈夫。

所以，在第一版的序言中我曾经写道："我愿意把这本小书，献给在大地震中遇难的尚勇，献给那些为了学生而失去自己、忘记自我的教师们，献给那些再也不能感受儿童节的学生们。愿逝者安息。愿生者坚强。"

2013年，华东师范大学出版社大夏书系的林茶居先生来函告诉我：大夏十岁了。为了纪念大夏书系十周年，同时为下一个十年继续传承教育经典、传播教育常识，继续助力教师、校长的专业发展，积蓄更多的能量，华东师范大学出版社就主题、内容、市场占有率、读者美誉度和社会影响力等方面的因素，综合考量已出版的421种图书，从中选择了十余本书作为"十年纪念精华本"重新出版，其中包括我的《过一种幸福完整的教育生活——朱永新教育讲演录》。

大夏书系十年纪念精华本

我利用业余时间对这本书进行了修订，更加突出了新教育实验的内容，删除了《关注农村教育》《与孩子一起成长》《给灵魂洗个澡》《中国教育改革的几个关键问题》四篇文章，增加了三篇新的讲演：《为中国而教》《教育，从家庭开始》和《做一个让学生瞧得起的老师》。

我在修订的第二版后记中写道：最值得庆幸的是，我们的心一直与北川同行，已在这条路上携手走过了五年。汶川地震后我曾去过的八一帐篷小学，现在已经与北川曲山小学合并为永昌小学。这所胡锦涛总书记亲自命名的学校，以“德艺永昌，晓学博爱”为校训，以禹羌民族文化为依托，以新教育为载体，在废墟上涅槃重生，成为北川土地上绽放的那朵最娇艳的新教育之花。尽管没能亲临现场，但北川热土上的新教育人与事，我早已耳熟能详。无论是领军前行的傅广文副局长、还是首批考察新教育的徐正富校长，无论是为推进新教育工作深入学校担任班主任的北川教师进修学校的梁春蓉老师，还是在新教育实验中成长起来的永昌小学的唐守辉老师，以及更多默默无闻、兢兢业业、积极生活的北川新教育人，大家在不同岗位上、不同教室里，日复一日，向这片土地报以微笑与汗水。

这本小书的第一版、第二版稿酬，全部捐赠用于北川的教育重建，用于北川的新教育事业，帮助北川的教师成长。我知道，微薄的稿酬对于北川教育重建连沧海一粟都谈不上，只是尽我个人的一份心意，献出微薄的力量而已。

我坚信，这样的凤凰涅槃，北川新教育绽放的将是更新更美的希望。我坚信，这样的坚定前行，幸福完整的教育生活，是我们终将实现的共同梦想。

28 我在政协这五年

——一个民主党派成员见证的中国民主政治进程

这本书是我作为第十届全国政协常务委员会委员，在2003年至2007年的五年中，以教育为切入点，表达一个民主党派成员参政议政的热情，通过参政议政的个人历史，打开一扇中国共产党领导的多党合作和政治协商制度的窗户，见证中国民主政治进程的记录。

政协委员是荣誉，更是责任。作为一个民主党派的成员，如何在政协的平台上发挥作用，积极地履行参政议政、民主监督职能？如何把政协委员的职责与本职工作有机地结合起来？如何把参政议政与自己的学术研究统一起来？五年来，我结合自己从1993年担任苏州市第九届政协委员以来的参政议政经验，围绕这三个问号，反复探索、尝试、求解，初步掌握了以下三点经验：

第一，立足专业背景，将学术研究、本职工作和参政议政结合起来，以学术研究促进本职工作，从本职工作中挖掘提案参政议政。2003年至2007年，我是中国教育学会副会长、苏州大学的博士生导师，也是苏州市主管教育的副市长。作为学者，我发起了被称为“新希望工程”的新教育实验，与全国乃至外国教育研究者一起，探讨教育规律，从理论基础、实施难点层面，为政府制定教育政策提供决策参考。作为分管教育的副市长，我又从政府教育决策和行动中，寻找教育问题的症结所在，探讨教育问题的解决之道，并形成提案递交给全国政协。关于免费义务教育的提案、教科书循环使用的提案等等，即来源于此。

人民出版社
2008年5月版

第二，立足中国国情，将报国情怀、民主监督、建言献策统一起来。我出生于教师家庭，虽然在苏州市人民政府担任过十年副市长，但从来没有离开过高等学府，漫长的学术生涯塑造了我“知识报国”的书生情怀。抒发书生报国情怀，履行政协委员职责，不能背离我国的历史、文化、经济、社会发展的实际，只有将书本和实践相结合，将书生情怀和理性精神相结合，将中国实际和西方经验相结合，将提案的及时性和建议的可行性相结合，才能真正有效地履行参政议政民主监督的职责。我在撰写提案的时候，总是要考虑法律上是否允许，经济上是否合理，政治上能否广为各界所接受，进度上能否张弛有度易于控制。

第三，立足民间社会，将国家大事、百姓生活、网络民声整合起来，密切联系群众，了解民间疾苦，民生百态。我从不敢轻慢和国家领导人座谈国家大事的机会，不敢将国家政策与平民百姓的柴米油盐割裂开来，这就需要我放下身架，蹲在民间。五年来，我从不间歇地在我创立的“教育在线”网站上，和普通的一线中小学教师一起撰写网络随笔，常有陌生的边远贫困地区的教师拨打我的手机。带着一双政协委员的耳朵和他们交流，带着一双政协委员的眼睛走向贫困地区的教育，不仅推动了我倡导的“新教育实验”，更帮助了我参政议政。每年两会前夕，我都要在“教育在线”上正式征集提案和建议，主题帖叫“请为中国教育鼓与呼”，访问量很大，我的很多提案，都是通过网络征集的，有一些提案直接来自于网友的建议。

立足专业，立足国情，立足民间，就会产生高质量的提案和建议，就会影响政府的决策，改进公众的生活。五年来，我撰写了83篇提案，其中60多篇是以教育为主题的，这些提案，全部得到了答复，大部分得到了落实。

这本书以时间为主线，分为五卷，每卷分六个部分。“写在卷首”简明扼要地介绍了作者各个年度的主要工作；“年度提案”共收录作者五年中所提交的提案（含答复）80份；“参政感言”是作者历年参政议政的感受、体会和经验；“议政网事”是作者每年做客人民网、新华网等媒体与网友进行交流的实录摘要；“两会走笔”收录了作者两会期间的博客内容和政协大会上的发言；“媒体关注”收录了媒体对作者参政议政报道的目录。

一滴水可以见大海。这本书的副标题是“一个民主党派成员见证的中国民主政治进程”，我试图全面记录自己作为一个民主党派成员眼中的人民政协工作，读者也可以通过这本书了解中国人民政治协商制度及其运转的基本情况。

29 走近最理想的教育
——著名教育家朱永新教育精华

这本书是唯一没有经过我授权和审阅而出版的一本著作。我不喜欢在自己的名字前加什么“著名教育家”的字样，挺别扭。由漓江出版社的文龙玉老师从我的文集和文章中选择了部分内容编辑而成。全书分“教育理想”“教育感悟”和“教育问答”三辑。“教育理想”收录了我关于理想教师、学生、校长、父母、学校、德育、智育、体育、美育和劳动技术教育十篇文章；“教育感悟”收录了用行动追求理想、教育定律、与大师对话、早期教育四个主题近30篇文章；“教育问答”收录了我回答教师提出的近百个问题。

文老师在推荐这本书时介绍说：

> 洋溢着朝气与活力，敦厚大度，笑起来一脸灿烂……当代中国教育大家朱永新以他特有的人格魅力征服了广大教育者的心。他富有人文精神和创新精神，为中国教育改革建言献策。他创办的教育在线网站，已经成为中小学教师的精神园地；他倡导的新教育实验，正在改变着中国的教育。他对中国教育现状的深刻思索以及对教育理想不懈

追求的精神，感染着千千万万人的心。

朱永新满怀激情，用诗一般的语言描述了他心中的教育理想：理想的学校、理想的教师、理想的校长、理想的学生、理想的父母、理想的课堂、理想的德智体美劳的教育……这种教育理想，震撼了教育者的心灵，点燃了广大教师心中的热情，激发了人们沉睡已久的教育激情，成为广大教师创造教育，享受教育，提升生命质量的动力。

漓江出版社
2008年6月版

朱永新心中美好的教育理想，是根植于教育土壤的理性追求，是建筑在教育改革基础上的现实思考。《走近最理想的教育》提供了有效途径和策略，集中体现了他对教育现状的成熟思考，对和谐教育的期盼和呼唤。

没有空泛的说教，没有权威者不容置疑的口气，翔实生动的例证，丰富的资讯，深厚的底蕴，对众家之长的择善而用的气魄和商讨的氛围，使原本理论化的东西变得让人易于接受，清新、平易的风格，赢得了广大读者的认可。作者的很多观点不仅引起教育专家的共鸣，更在普通教师、父母、学生群体中引起巨大反响。

这本没有前言和后记的书，竟然卖得不错。仅山东莱芜一个城市就采购了一万余本。但是，毕竟没有经过我自己的亲手编辑，还是有许多遗憾。后来我以这本书为基础，把它修订为《新教育》一书重新出版。

30 新教育之思

山东友谊出版社
2007年1月版

这是友谊出版社“当代博士生导师思辨集粹书系”第5辑的一种。好友栾梅健先生是这套文丛的主要作者之一，是他向出版社举荐了我，因此有了这本小书。

这本书是从我已经出版的著作和文章中选摘编辑的。第一辑《寻觅先贤的踪迹》，收录了《古代教育思想的主要特质》《古代教育思想的现代意义》等20余篇教育思想史的文章。第二辑《追求教育的理想》收录了《理想的德育》《理想的智育》以及《教育定律》等20余篇文章。第三辑《享受教育的幸福》收录了《新教育实验的历史背景》《新教育实验的根本出发点》等20余篇关于新教育实验的文章。第四辑《呼唤教育的和谐》收录了《多维评价与素质教育》《重塑新时代的民族精神》等20余篇文章。全书用《我们，也可以改变世界》一文代序。

时任我的学术助手、新教育研究中心的魏智渊老师协助我做了选编工作。

31　写在新教育的边上

这本书是应华东师范大学出版社吴法源先生的约稿写就的。吴法源是我非常敬佩的编辑。他向你约稿，却从来不催你。但是，他不断地给你寄出版社的新书，寄出版社的书目。他试图告诉你，选择他效力的出版社，没有错。2006年年初，他寄来李希贵的新书《学生第二》。这是他策划的“大家名篇”的第一本。他说，希望你的是第二本。

我一直觉得欠他的文债，所以决定尽快还，就有了这本书。书名叫什么？希贵局长说学生第二，那么什么是第一呢？他没有明说，我理解是教师。因为我也一直认为，现在的教育理论，基本上把教师作为工具价值来认识，教师是蜡烛，点燃自己去照亮学生，最后自己是“蜡炬成灰泪始干”。教师不能直接享受教育过程带给他的快乐，而必须通过学生的成功来体现自己的价值。我们开展的新教育实验不同意这样的理论，我们认为只有教师的成长才能带动学生的成长，只有教师的幸福才能有学生的快乐。所以，我们主张教师与学生共同成长，教师与学生一起享受教育的幸福。

但是，如果明确说“教师第一”，可能也会有误解。因为毕

华东师范大学出版社
2006年12月版

竟教育从本质上讲是一个培养人的过程，虽然这个人可能同时包括学生和教师，但是教师毕竟是为学生服务的……尽管教师的专业发展是服务的前提与基础。

因此，就想到了“状态第一”这个题目。我一直认为，死人与活人就差一口气，活人与活人就差一点状态。状态大于方法，方法大于苦干。有了状态的人，他就会不断地寻找与探索，不断地行动与努力，他总会找到适合自己的方法，总会收获成功。而没有状态的人，即使他才高八斗，如果无所事事，最后也只能是一事无成。

当然，这本书其实也是状态的产物。没有法源兄锲而不舍的状态，不会有这本书在这个时候出来。当然，没有我的状态，也不会有它的问世。在年初父亲去世以后，我一直想为父亲写点文字，为一个普通小学老师的灵魂写点纪念的文字。父亲其实也是一个有状态的人，他从一个普通的乡村教师成为全国优秀教师，把一个乡镇的教育弄得有声有色，没有状态，恐怕是不行的。

这本书分五辑，第一辑《父亲，一路走好》，是我纪念父亲的文字；第二辑《春天的约会》是我2006年两会的手记；第三辑《寻找教育的风景》是我访问日本与欧洲的教育笔记；第四辑《教育，永不缺席的话题》是关于教育的信函与杂文。

这本书的顺利出版，特别要感谢魏智渊老师。作为我的朋友和助手，他帮助我从网络和博客中找回了这些文字，还进行了必要的勘误与润色。

32 走在教育的路上

这本《走在教育的路上》是“新教育文库·我的教育故事”系列的一种。本书收录的文章，基本上是2003年6月至2004年7月一年来我在教育在线的论坛上发表的文字。虽然不完全是故事，但基本上是我经历的事情。全书包括边走边吟（关于教育的诗歌）、教育风景（关于教育的游记）、书香世界（读书笔记）、携手圆梦（与新教育同人的交往故事）和行者心语（关于教育的建议）五个部分。

十五年前，我曾经对朋友们说，与大家的术有专攻相比，我只是一个教育的游客。我不断地行走，不断地寻找风景，在美丽的地方驻足，在精彩的地方赞叹，如此而已。

当然，与过去意义上的“游客”不同，我不是简单地看风景，也不是简单地寻找风景，在理想的旗帜下我们凝聚了一批志同道合的朋友一起行走，而我们的行走本身也成了一道风景。

我知道，如果是自己一个人行走，即使有再大的困难，再大的风险，我也可以不在乎。但是，现在我们是集体的行走，

福建教育出版社
2005年1月版

是一批优秀的年轻教师与我们一起行走，我必须对这个团队负责。

我自然而然地成为这个“行走”团队的排头兵，因此我更加清楚地意识到自己的责任。所以，我把自己的一切都交给这个事业。

我知道，开弓没有回头箭，在追寻理想的路上，在探索教育的路上，我们会遇到更多的困难和挑战，但是我们绝不会停止我们的脚步！

感谢福建教育出版社社长黄旭先生，他坚持这套书应该有我自己的一本，才使我下决心整理这些文字。也感谢马建强先生，他为本书撰写了序言《我们的朋友朱永新——三“言”两“语”话永新》。他在序言中说：“其实，对当今教育界来说，朱永新并不只是某个个人的朋友，他是教育界很多人共同的‘我们的朋友’。”

33　享受教育

这本书是我的第一本教育随笔集，是“教育在线文库”中的教育随笔系列的一种。

我发表的第一篇文章是随笔，中间的文章大部分是论文，过去我和大学的同事们曾经把小文章说成是“豆腐块”，认为这是不登大雅之堂的东西。但是，随着我走进中小学教师的生活，随着我与他们零距离的亲密接触，我发现他们最喜欢这样的“豆腐块”，喜欢来自生活的鲜活的东西。因此，我开始喜欢着他们的喜欢，写下了不少这样的文字。

这本书是请张菊荣老师协助我整理的，从我在报刊和教育在线网站发表的相关文章中选编而成。全书分《杏坛时评》（关于教育的评论）、《成长感悟》（关于家庭教育与儿童教育）、《心育纵横》（关于道德教育）、《科研漫笔》（关于教育科研方法）、《名家印象》（关于教育家的思想与故事）、《我的教育定律》（关于教育的九条原理）。

全书以《享受教育》一诗作为代序。张菊荣在本书的代跋《享受〈享受教育〉》中写了一段这样的文字：

在这本书稿终于编成的时候，作为第一个享受《享受教育》的人，我自然有许多话想说，却又唯恐浅薄无力的文字会损害这本书所拥有的思想光泽。

由于时间紧，也由于在此期间我的工作与生活正好发生着很多必须处理的事情，更由于我的学识之轻难以承受此书意义之重，所以整理书稿的日子确实很累。但当我每天疲惫地回到宿舍，坐在笔记本电脑前；或者在每个双休日回到家中电脑桌前，开始一篇篇地细读朱老师多年来的教育笔记，领略一位教育大家的笔墨情怀，我总会一次次地感动：这样一位博士生导师，他怎样地以他的文字来关怀每一位教师，每一位孩子的心灵！这样一位教育官员，他又如何把满腔激情倾注在他至爱的教育事业上！

朱老师是一个激情澎湃的人，他的直率与坦诚，他的热烈与奔放，他的大气磅礴，常常会鼓励人的意志。我可以很负责地说，走进朱老师，你一定能感受到他的人格魅力。你会因此如疯一般地爱上教育，你的人生从此会充满诗意与理想！进教育在线后，我也曾写下《生命，从此刻开始!》这样的感想。朱老师是怀着强烈使命感的教育家、教育官员，他又是一位充满着爱心的平民！他可以在大会小会大报小报上为教育大声疾呼，他也可以自掏腰包拉着网友进餐馆聚谈。在网上，他可以发出像《定边忧思》《探索宝应名校转制》这样的超级重量帖，也可以像老朋友们一样地与我们玩笑几句！他会在青藏高原向网友们问好，他会在北京走了一程又一程的路找网吧，他会在南京因为网吧电脑出故障而恼火，他会在送我们的书上签上“菊荣兄指正”的遒劲大字。

朱老师实在太忙，我不知道他一年要做多少事情，他有着大量的公务要去做，而他的所有双休日，几乎全部地献给了他至爱的教育。但我们一次次地听他讲学，听他谈教育，谈他的实实在在的构想，我们从来不会感觉他的疲劳，我们只是体会他正用他的全部身心拥抱着教育，享受着教育！那是一种大享受！

这部书稿穿越了许多年的时光，从一位大学教授到一位教育官员，我感受到朱老师博大的胸怀与情怀。我想，仅有渊博知识而没有博大关爱的人，是不可能用如此清脱、智慧、亲切的文字来表述他的思想的！

这里有情的激动，有理的启迪，有智的快乐，有观念的跃动，有理想的诱人，有享受教育的大境界！

四川教育出版社
2003年4月版

34 新教育之梦

2000年初，《我的教育理想》由南京师范大学出版社正式付梓。始料未及，这本教育理论专著受到了广大中小学教师的欢迎，年内重印四次，被评为2001年江苏省唯一的教育理论畅销书。新华社、中央电视台、江苏电视台、中国教育电视台、江苏教育电视台、《人民日报》、《光明日报》、《中国教育报》、《教育研究》、《人民教育》、《新华日报》、《北京晚报》、《江苏教育》、《新教育周刊》、《江苏工人报》、《重庆时报》等20多家新闻媒体纷纷给予报道，从著名的教育家顾明远、班华、朱小蔓、袁振国、李吉林，到许多普通的中小学教师，都给予了热情洋溢的评论和来信，如天津的一位特级教师张万祥先生在来信中说："祝您的教育理想之花开遍神州大地，越开越艳。祝您的教育事业如日中天，越升越高。"这一切都使我深受感动，也增添了我继续用这种相对活泼的文字撰写教育理论文章的信心。

人民教育出版社
2002年7月版

《我的教育理想》出版后，江苏省教育学会会长

周德藩先生和许多朋友建议我“把理想系列进行到底”，单独结集成册。《新教育周刊》是我的教育理想系列的首发报纸，主编宗平小姐的热情（不断催稿）和宽容（文长不嫌），也是我继续探讨教育理想问题的重要动力。于是，先后有了理想德育、智育、体育、美育和劳技教育等文章的问世，反响也是出奇的好。有些学校将全文复印给全体教师，作为学习资料；有些学校组织讨论，撰写学习体会。《教师博览》《人民政协报》《文汇报》等也相继转载和刊发摘要。在人民教育出版社副总编吕达博士和许多朋友的大力支持下，将《我的教育理想》一书中5篇关于理想教师、理想学校、理想父母、理想校长、理想学生保留，同时增补理想德育、理想智育、理想体育、理想美育和劳技教育等5篇文章，以《新教育之梦》为书名重新出版。

人民教育出版社
2002年7月版

这本书收录了许多我考察国内外学校和参加教育活动的照片，同时由我专门撰写了《梦想成真》的前言。

在本书的撰写过程中，我的博士生杨树兵、李镇西、尹艳秋、郭彩琴等给予许多具体帮助，他们在查阅文献资料、整理打印文稿等方面给予了真诚无私的帮助，同时撰写了一部分篇章的初稿。

2004年，这本书进行了修订。除订正了一些文字外，内容上增加了两个重要部分，一是《新教育实验的理论与实践》，主要介绍了新教育实验的基本理念、价值观、六大行动等，以及新教育实验学校的实践探索的情况。焦晓俊、储昌楼等一线老师为此提供了许多素材与资料。二是增加了我的教育学术年表。我的博士生丁林兴协助我整理了年表。在这个活动年表中，可以了解我的治学经历与行动轨迹，了解我学术兴趣与学术方向的演变过程。作为一个教育学者的个案研究，或许也是有点价值的。

这本书在2004年以后基本是以副标题《我的教育理想》出版印行的，内容也增加比较多。

我在这本书的后记中写道：“我把这本书献给参与新教育实验的学校和老师们。正是他们用自己的智慧、激情和汗水，演绎了新教育实验的无限精彩；也正是他们的创造性劳动，丰富、完善了新教育实验的理论与实践。是他们创造了新教育！”

35 高等学校教学管理系统研究

1993年，我从日本访学回国后不久，担任了苏州大学教务处处长，成为全国最年轻的教务处长之一。我清晰地意识到，高等学校是肩负着国家经济腾飞、社会发展、文化繁荣、科技进步和民族振兴重任的高级专门人才的培养基地。高等学校培养人才的任务，主要是通过教学过程完成的。教学是高校的中心工作，教学管理是高校管理的核心内容。虽然我的专业背景是教育学和心理学，但是对高等教育的教学管理仍然需要熟悉与了解，于是选择攻读了同济大学的管理工程专业，把高校教学管理作为研究方向。

江苏教育出版社
1998年8月版

本书是在我的博士论文基础上修订而成。我在书中结合中国高校教学管理的实际情况，首次比较全面地将系统分析方法用于高校教学管理研究，提出了高校教学管理系统的理论体系，在理性的视野下，重新梳理了高校教学管理系统的流程等重要问题。

本书注重历史与比较研究的方法，回顾了高校教学管理的历史演变过程，系统考察了美国、德国、日本、苏联和俄罗斯以及中国等国家与地区高校教学管理的具体模式，在比较分析的基础上揭示了各种模式的特点与优劣，研究了各国的教学目标、教学内容和教学管理机构等问题，为构建社会主义市场经济条件下中国高校教学管理系统提供了多维参照系。

本书运用系统工程的原理和方法，坚持定性研究与定量分析的结合，静态分析和动态平衡相结合，局部合理与整体优化相结合的原则，对高校教学管理系统进行了详细分析，构建了包括项目子系统、制约条件子系统、运作与优化子系统、成果输出子系统和评估子系统在内的完整体系，并用层次分析法对系统建立了评估模型。在教学管理运作系统的优化，尤其是教学环节的优化和专业教学计划的优化方面，进行了比较深入的研究。

本书将系统分析的理论与方法用于剖析我国高等教学管理面临的若干重要现实问题，对教育管理中的许多重点与难点问题，如教学目标（专业教育与素质教育的两难选择）、教学组织（学院制与学分制的积极探索）、教学效率（教学资源的优化配置）、教学内容（陈旧的课程内容体系与现代培养目标的内在冲突）以及教学评价（多元化评价体系的构建与完善）等进行了探索。

本书还结合我在苏州大学的实践探索，介绍了旨在全面培养学生素质与能力的激励性主辅修制度、学生必读书目制度等。

时任教育部分管高等教育的周远清副部长为本书撰写了序言，认为书中的“许多设想与建议对深化我国高校教学管理改革提供了依据”。在论文撰写期间，我的博士生导师沈荣芳教授多次送教上门，与我反复讨论论文的细节。吴启迪校长也在繁忙的工作之余抽出时间赐教指点。同济大学经济管理学院的各位师友也给予了难以忘怀的许多帮助。

36　中华教育思想研究

——中国教育科学的成就与贡献

中国是一个具有数千年教育传统的国家，也是世界上创办学校最早的国家之一。中国古代教育不仅是辉煌灿烂的古代文化的有机组成部分，也是古代文化赖以生存与发展的基础与条件。正是由于教育特有的传递功能，古代文化才得以数千年一脉相承，历久弥新。

在中国古代浩如烟海、汗牛充栋的经史子集、随笔杂记中，蕴藏有非常丰富的教育思想。这些弥足珍贵的教育思想，是历代教育家智慧的结晶，是中国教育思想史的宝贵财富，同时也丰富了世界教育科学的宝库。

20世纪初以来，西方教育学又在华夏大地上得到广泛的传播，有许多教育家和优秀教师在评介与借鉴西方教育学的过程中，结合中国的教育实际，对教育的理论与实际问题做了广泛的探索与研究，为世界教育史增添了新的、光辉的篇章。

鉴于迄今尚无一本系统介绍我国教育科学成就的专著，许多教育史的著作又大多是以人物思想为主线，内容比较庞杂，而且对现、当代教育科学的发展研究可谓凤毛麟角，尤其是当

江苏教育出版社
1993年8月版

代教育思想的探讨更无人问津，付之阙如。1989年，我就决意要编写一本系统探讨从我国有文字记载以来至20世纪80年代的教育思想的著作。经过近四年的努力，这本《中华教育思想研究——中国教育科学的成就与贡献》终于由江苏教育出版社正式出版。

本书的出版与许多老师、朋友的关心和支持分不开。上海师范大学的燕国材教授与苏州大学的储培君教授，多次惠借资料、询问进度、鞭策鼓励。华东师范大学的袁振国教授，亲自送来了他悉心研究当代中国教育思潮的大批资料与手稿，使我在当代卷的写作中省却了诸多查阅的时间，他的一些研究观点亦被吸收在本书的某些章节中。

本书出版后，受到了学术界的好评与关注，尤其是受到一线教师的欢迎，他们比较喜欢这种解读教育思想发展的方式。因此，这本书先后获得过苏州、江苏和全国的各种社会科学类的奖项，被一些学校指定为教师的必读书。

2002年人民教育出版社的10卷本《朱永新教育文集》和2012年中国人民大学出版社的16卷本《朱永新教育作品》都以这本书为基础，分古代、近现代和当代三卷出版了修订版，上海交通大学2013年出版了2卷本的《中国教育思想史》，也是在此基础上修订的。

37　学校心理咨询

本书是国内较早的关于学校心理咨询的入门书。全书包括什么是学校心理咨询，学校心理咨询的准备、实施、内容、原则，心理测量与学校心理咨询，心理治疗与学校心理咨询等，附录介绍了学校心理咨询常用的仪器。

1987年，应知识出版社之约，我与中国大百科全书出版社副编审张人骏和上海华东师范大学讲师袁振国合著了我国第一本《咨询心理学》。说来惭愧，在撰写开始时，我们都未有过专门从事心理咨询的经历，甚至在这方面的知识储备也较贫乏。但我们一方面借鉴国内已有的心理咨询实践，一方面参考国外的心理咨询著作，总算勉力完成了这本书的写作。始料未及的是，拙著出版后受到了学术界的好评，尤其是受到了一些心理咨询专家的肯定，对我们鼓舞甚大，也激励着我进一步研究这个问题。

无独有偶，两年后我校成立心理测量与咨询中心，承蒙领导与同事厚爱，推我为该中心主任。这个中心不仅为本校师生排忧解难，也为社会做了不少工作，尤其是在苏州、盐城等地进行的大规模心理测量和咨询，受到了中小学教师和家长的欢迎。这样，终于使我初步具有了从理论到实践的历程。

这本小册子最初打算与挚友袁振国先生合作完成，两人曾多次讨论过写作构想并在燕国材先生主编的《中小学教育管理》杂志上连载过几篇文章，后因他有更重要的事要做而无暇顾及，所以最后的全部任务就只能由我一个人承担了。尽管如此，我仍把本书视为我们合作的结晶。

江苏教育出版社
1990年4月版

38 困境与超越

——当代中国教育述评

这是我正式出版的第一本学术著作。

这本书共十章，第一章总体评论了中国教育40年的成就与问题；第二章《“老九”咏叹调》分析了教师的生存状态并提出了提高教师社会地位的建议；第三章《厌学心态透视》分析了在工具主义背景下厌学问题的原因；第四章《畸形的结合》讨论了教育与政治、生产劳动的关系；第五章《杯水车薪》分析了教育经费短缺的问题与解决路径；第六章《艰难的步伐》研究了传统教育与教育改革的关系；第七章《职称变奏曲》剖析了教师职称评审的乱象与如何走出职称评审的误区；第八章《德育忧思录》研究了在唯智主义背景下学生思想品德发展的问题；第九章《家教“幼稚病”》探讨了中国家庭教育存在的问题；最后一章《希望之光》从人的呼唤、环境宽松、主体自觉三个方面讨论了未来中国教育发展的方向。

这本小书得以如期完成，首先要感谢当时在杭州大学教育系工作的方展画先生。大约在1988年夏天，我突然接到方展画先生的电话，说他要主编一套关于中国教育问题的丛书，邀请我加盟撰写，题目与内容由我自己决定。我与方展画先生虽然彼此熟悉，但仅仅是文字之交，没有见过面。一纸电文，就敲定了合作，这件事现在看来还有些不可思议。尽管后来由于某些原因这套书的其他选题没有出版，但我的书总算侥幸如愿正式出版，展画兄功不可没。

广西人民出版社
1990年6月版

这本书的出版也要感谢当时在华东师范大学教科所工作的袁振国先生。振国兄慷慨地让我引用他的研究资料，我们多次交谈、通信中思想撞击的火花在书中也时有闪现。

这本书的出版还应该感谢苏州大学教育科学研究中心的储培君教授和教育理论专业的硕士研究生许庆豫、杨爽两位同学，他们对我完成此书提供了不少帮助。

广西人民出版社的责任编辑彭庆国同志，在本书的写作和修改过程中做了大量工作。一直想念着我第一本专著的编辑，到今天还记得他的模样，可惜也多年没有联系了。

通过撰写这本书，也让我比较自觉地关注教育现实问题。在本书的后记中我说全体中国人都来关注教育、理解教育、支持教育之日，也就是中国教育超越困境、摆脱危机、走向光明之时。基于这样的想法，本书力图改变以往教育学著作的严肃面孔，而尝试用生动的文字、翔实的材料、冷静的分析和热情的呐喊来缩短它与读者的距离。这样的追求，其实贯穿了我此后数十年的写作生涯。

三、合著

在内蒙乡村小学里（摄影：薛晓哲）

39 重启教育改革

——中国教育改革十八讲

新世纪以来，中国教育的发展成就非常突出：全国适龄儿童可以免费入学，接受九年义务教育；超过一半的高中毕业生有机会进入大学深造，高等教育大众化率几乎达到了发达国家的水平。中国教育已经告别了供给短缺，开始进入一个新的历史阶段。但是另一方面，社会各界对于教育现状的不满并没有得到缓解，反而有加剧之势。各种各样的批评和质疑充斥媒体，教育几乎丧失了公信力。越来越多、越来越低龄化的孩子被父母送到国外读书，人们“用脚投票”表达对国内教育的不满和失望。

这种矛盾的现象非常令人费解，我们把它称为“中国教育之谜”。2013年，马国川兄赠我一本他与吴敬琏老师合作的《重启改革议程——中国经济改革20讲》，我就一直在想，中国教育改革其实也面临着重新启动的问题，所有的中国教育之谜，都需要改革来解开。于是，我与马国川先生合作，用对话的方式写一本关于中国教育问题的著作，努力破解这个谜团。

其实，面对“中国教育之谜”，许多人士试图给出解释。有的从教育本身探求根源，有的从教育之外寻找原因，众说纷纭，各有道理。我们试图以问题意识为导向，通过考察教育制度的演变，梳理导致问题产生的制度根源，探究解决中国教育现实问题的路径。

在书中我们系统考察了中国教育尤其是近代教育发展的历程。我们认为，中国的传统教育制度是以科举考试为中心建立起来的，在维系中华文明和国家统一等方面发挥了积极作用。但是越到后来，这种制度的负面效应越明显。1840年鸦片战争以后，在西方文明的强力冲击下，传统教育制度开始逐步动摇，并最终在1905年伴随着科举考试的废除而彻底瓦解。尽管传统教育制度的终结不可避免，但是由于采取的是激进的变革方式，传统教育中的优秀遗产没有得到重视和继承。

三联书店
2014年11月版

20世纪上半叶，现代教育制度逐步确立，涌现出了一批现代教育家，高等教育也培养了一大批大师级人才。不过，由于缺乏稳定的时代大环境，战乱频仍，国家动荡，教育发展并不稳定，尤其是教育普及水平有限。

随着中华人民共和国的建立，民国时期的教育体制被完全废除，建立了全新的教育体制。如果说在此之前的中国教育制度主要是学习、模仿欧美的话，那么在1949年以后，学习的对象就转向了苏联。就像在经济领域模仿苏联的做法建立起权力高度集中的计划经济体制一样，20世纪50年代中期在教育领域也模仿苏联，建立起权力高度集中统一的教育体制。

这种新体制的最大特点，就是国家包办教育，权力高度集中在政府手里，长官意志支配一切，学校缺乏办学自主权，教育发展规律得不到尊重。这种体制下的一系列制度安排，如重点学校制度、城乡二元教育制度、教育行政化等，都成为今天中国教育问题的制度根源。

新的教育体制经历了“两起两落”：在“大跃进”中遭到了破坏，在20世纪60年代初期得到恢复；在“文化大革命”中又遭破坏，70年代后期再次得到恢复。随着改革开放的深入，市场经济因素不断生长，社会越来越活跃，但是教育改革相对滞后，权力高度集中统一的教育体制越来越不适应教育的发展，社会各界要求教育改革的呼声越来越高。

1984年中共中央制定《关于经济体制改革的决定》，一年后的1985年，中共中央制定了《关于教育体制改革的决定》，客观总结了教育体制存在的各种弊病，第一次明确将教育体制改革作为教育改革的重点，教育改革随之开始。遗憾的是，这次改革仅仅进行了四年就基本终止了。而且由于教育经费投入严重不足，后期产生了供给短缺严重的“教育危机”。

于是从20世纪90年代开始，教育的重点转向大发展。值得注意的是，这种发展与“效率优先”的经济发展战略有内在的一致性，而且权力高度集中统一的教育体制也有利于推动这种发展，因为其优势就是“集中力量办大事”。另外，90年代由于中国把“建立社会主义市场经济体制”明确为经济改革目标，市场化改革的大力推进使得中国经济驶入了发展的“高速路”。经济实力的增强为教育的大发展提供了经济基础。义务教育的快速普及、高等教育的迅猛发展都是在这种背景下完成的。

教育的大发展解决了许多困扰已久的问题，如教育经费短缺、大学招生数量过少等已经不再成为问题。可是从20世纪80年代以来，虽然教育改革多次被提到议事日程，一些地方和学校的草根变革也悄然进行，但是总的来说没有形成浩荡之势，教育体制改革没有产生实质性的变革。所以早已存在的一些教育矛盾依旧存在，而且随着其他矛盾的解决而凸显出来，包括区域教育发展的不均衡、择校热的不降反升、应试竞争的高烧不退、学生课业负担的日益加重，都是社会反映强烈却解决乏力的突出问题。

在书中我们也提出了教育改革的若干建议与对策。我们认为，目前中国教育面临两大问题，一个是教育公平问题，一个是教育品质（质量）问题。通过梳理这些问题产生和发展的过程，我们发现，这两大问题都与教育体制密切相关。换句话说，假如不在教育体制改革上下功夫，那么中国教育问题就不能得到根本解决，中国教育也不可能赢得公信力。所以，我们得出的结论就是：要解决中国教育面临的诸多问题，必须重启改革。就像1985年那样，以教育体制为改革的重点，着力解决体制问题。

新世纪以来，教育改革作为具有全局性的一项社会事业，和经济改革、社会改革等面临的境况是一样的。由于各种因素制约，过去十余年间中国改革进展不大，有些方面停滞不前，有些方面甚至有倒退之势。在2012年中共十八大前，重启改革议程已经成为社会各界的共识。2012年11月召开的中共十八大顺应民意，强调“必须以更大的政治勇气和智慧，不失时机深化重要领域改革”。

三联书店
2014年11月版

这本书从2013年4月份开始写作，当时社会各界正在围绕着如何深化改革展开热烈讨论。半年之后的11月，中共十八届三中全会就通过《关于全面深化改革若干重大问题的决定》，提出了全面深化改革的总体设计和行动纲领。让我们感到振奋的是，《关于全面深化改革若干重大问题的决定》也对教育体制改革进行了整体部署。

中国共产党十八届三中全会不仅吹响了教育改革的号角，而且为我们理想中的教育、人民满意的教育，做出了整体部署，发起了一次冲锋。我们从全会的文件《中共中央关于全面深化改革若干重大问题的决定》可以看出，自十一届三中全会以来，在历次三中全会关于教育的表述中，这一次最全面、最系统、最深入，对立德树人、推进教育公平，对深化教育领域的综合改革，都讲得非常清楚。教育接下去的改革方向，已经十分清晰。

不过，过去的历史告诉我们，改革行动纲领要付诸实践，还要付出巨大努力。对于教育改革来说，首先是要开展全民教育大讨论，形成改革共识，形成“以人为本”的教育价值观。过去多年间，教育改革没有产生实质性的变革。一个重要原因就是全社会没有形成对于改革的共识，在教育的思想、体系和方法上没有“以人为本”。尤其是对于“什么是好的教育”“教育究竟应该把孩子们带向何方”“究竟是效率优先还是公平优先”等根本问题，没有形成一致的看法。许多改革刚刚开始就受多方掣肘，步履艰难而往往半途而废，很大程度上也是由于各方意见不一。我们认为，一个国家的教育水平取决于这个国家的全体公民对教育的关注与理解程度。所以，有必要像当年“真理标准的讨论”一样，开展一场什么是好教育的全民讨论，提升整个民族的教育素养，形成教育改革的全民共识，为接下来的行动奠定坚实的思想基础。我们希望这本书有助于推动全民教育大讨论，有助于教育改革共识的形成。

教育改革是一项牵一发而动全身的系统工程。推进教育领域的综合改革，需要有勇气、有耐心，积极稳妥，还需要全社会方方面面的配合与支持，需要劳动人事制度和收入分配制度的配套改革。这是一项漫长的、无法一蹴而就的改革，更是一场只争朝夕、势在必得的改革，是一场输不起的改革。

40 大师教你做父母1
——对话叶圣陶

继2014年编写《叶圣陶教育箴言》之后，我一鼓作气又选编了一本40余万字的《叶圣陶教育名篇选》，还完成了这本《大师教你做父母——对话叶圣陶》。

其实，这三本书中，这本《大师教你做父母——对话叶圣陶》才是最先开始写作的。从2013年开始，应新教育研究院新父母研究所之邀，我每天为广大父母们撰写“新父母晨诵”系列短文。在半年多的时间里，一直围绕着叶老的著作进行解读。后来，一部分短文还以《对话叶圣陶》为名在《天津教育》杂志连载，受到了广泛好评。杂志主编韩瑞新告诉我，这是最受读者欢迎的文章。在网络上，可统计的数据是先后有6000万人次读到了这批“新父母晨诵”，还有许多学校的老师把这些“新父母晨诵”转发到家校通、微信等平台。

过去，人们总是更多地看到叶老在文学方面、出版方面、编写教科书方面的成就。如他早年创作的《稻草人》《倪焕之》等小说，他编写的《开明国文读本》，他主编的《中学生》杂志，他帮助茅盾、巴金等作家成长的故事，一直广为传诵。其实作为教育家的叶圣陶先生同样光彩照人。他提出的许多教育思想和观点，如“教育不是工业是农业”“教是为了达到不需要教”“教育就是为了培养习惯”“学校教育应当使受教育者一辈子受用”等，平实而深刻，是中国教育思想的宝贵财富。在家庭教育方面，他的思想与实践，也值得我们反复品读。

感谢叶老的家属能够授权引用叶老的文字，感谢叶小沫同意把她的部分回忆文字作为附录。

谨以此书纪念叶老诞辰120周年。

湖北教育出版社
2014年6月版

41　大师教你做父母2
——对话陶行知

2012年春节刚过，新教育新父母研究所就推出了“新父母晨诵”公益项目，以网络为平台，围绕家庭教育组织开展晨诵学习。半个月后的2月16日，我开始接受邀请主持该项目。晨诵项目一经推出，就受到了父母们和老师们的热烈欢迎。据保守统计，两年左右的时间，在微博、论坛等平台上，直接浏览的数量达6000万以上。除此以外，晨诵还同时每天发布到全国30多个萤火虫工作站的QQ群中，还有许多学校直接将晨诵转播到自己学校的QQ群中，或者用校讯通、飞信等方式发送到教师和父母的手机中，我还听说有的学校将晨诵内容直接打印出来供父母、教师阅读……具体数量已经无法统计。

我先后在晨诵中与父母们共读了叶圣陶、蒙台梭利、陶行知、苏霍姆林斯基的家庭教育思想，以及泰戈尔、金子美铃等人的相关诗歌。对我来说其中的陶行知先生有着特殊意义。不仅他的许多教育理念都充满真知灼见，今天看来仍然让人备受启发，而且他的思想与新教育也非常契合。

为了撰写“新父母晨诵”栏目，我系统阅读了《陶行知全集》，围绕着陶行知关于家庭教育的理念以及可以被家庭教育借鉴的心得，撰写了一批晨诵。甚至在熟读全集的过程中，在编辑的邀请下同时选编出一本《陶行知教育箴言》。经过一年左右的努力，《大师教你做父母2——对话陶行知》和《陶行知教育箴言》陆续杀青。

在晨诵的发布过程中，萤火虫义工团队收集汇总了义工和网友的跟帖点评。这本书出版时选择了其中部分内容，对他们表示衷心的感谢。

本书所选陶行知先生的原文，全部出自方明主编、四川教育出版社2005年版的《陶行知全集》，也特别感谢四川教育出版社和我非常尊敬的远在天国的陶行知的学生方明先生。

湖北教育出版社
2014年6月版

42–43 大师教你做父母3、4
——对话苏霍姆林斯基之一、之二

苏霍姆林斯基是一位百科全书式的苏联教育家，也是我非常尊崇的教育家之一。2012年11月，中、乌“苏霍姆林斯基教育思想学术研讨会”在浙江举行，我在会上特别表达了对这位教育家的敬意。2013年11月，“阅读的力量”——新教育国际高峰论坛在成都举行，我们还特别邀请了乌克兰苏霍姆林斯基研究团队参加。

苏霍姆林斯基的成长与思想，能够给教师以引领和启发。他学历不高，17岁初中毕业后只进行了一年师资训练班学习，就当了农村小学教师。但他勤奋地学习、思考、写作，从29岁开始一直担任乌克兰一所农村十年制学校——巴甫雷什学校的校长，在一线耕耘35年，在平凡普通的教育教学实践中探索、总结，先后出版了40多部著作和600余篇论文，还为儿童们撰写了1000多篇故事、童话、小说等，为世界留下了一笔极为宝贵的教育财富。但是，苏霍姆林斯基的教育财富，不仅属于教师，也属于父母。苏霍姆林斯基本人就非常重视家庭教育工作，写下了许多相关文章。在他的学校里，也一直十分注重培

湖北教育出版社
2014年6月版

训学生的父母，他说："我们在巴甫雷什研究和了解每一个家庭的精神生活。"

和"大师教你做父母"的其他书一样，这本书也是我应邀主持新教育新父母研究所的"新父母晨诵"公益项目的作品汇编，从家庭教育的角度、从父母的视角，对苏霍姆林斯基教育思想进行解读。苏霍姆林斯基的著作非常多，这两本书是对话苏霍姆林斯基，只是我阅读《育人三部曲》以后的部分心得，还有更多体会以及他的其他著作如《给教师的建议》《巴甫雷什学校》等，都有非常丰富的家庭教育思想，我还会陆续将阅读的心得与大家分享。

同样感谢新教育萤火虫义工团队，因为大家的共同努力，"新父母晨诵"被6000万以上人次浏览，真正在造福着千家万户；同样感谢热情的网友和大家的交流碰撞，也让我获益良多。成长是一件快乐的事，能够与大家一起成长，就是一种完整的幸福。

44 中国道德教育

这本书是“苏州教育丛书”之一，是一部系统研究中国道德教育的专著，也是我主持的国家社科基金教育科学青年专项项目《中、日、美学校道德教育的比较研究》的最终成果。出版时定名为《中国道德教育》，是为了突出对于中国道德教育的特别关注。

中国道德教育源远流长。一部中国教育史，就是一部中国道德教育史。该书通过简要梳理中国道德教育发展的脉络，针对中国道德教育的问题和现实困境，做了全方位的研究分析，并从道德教育的目的、内容、方法、途径、评价、管理、教师、研究、展望等多方面，进行了中日美三国的对比研究，以期为重新思考我国的道德教育问题提供一个广阔的视野，进而改变和优化中国道德教育的状况。用历史的眼光审视中国道德教育的发展变化，用国际的视野分析中国道德教育的特点与问题，是这本书的特色。

该书从写作构思到面世，经历了长达整整四年的时间。该书由我主笔，时任苏州教育局副局长鲍寅初和时任苏州大学副教授程晋宽博士的协助下，组织了苏州教育科学研究院、苏州教育学院、吴江教科所的部分专家参与研究工作，任苏民、陈宇光、刘谦忠、张春霞、胡继渊、沈正元等参与了初稿撰写。在最后定稿过程中，苏州大学的程晋宽博士又带领研究生邱晓敏、钟逸、陆丽、朱军文、许士荣、叶绪江、吴景松、俞建伟、张亮等做了大量具体工作。

苏州大学出版社
2004年9月版

45　大学生与现代社会

这是一本大学选修课教材，被列入教育部“大学生素质教育丛书”之一。全书分十章，分别讨论了大学生如何认识与适应现代社会、大学生的人生理想、人际交往、情感世界、时间运筹、学习策略、艺术追求、心理健康、生涯决策、社会适应等。

这本书起源于我在20世纪80年代末在苏州大学开设的公共选修课“大学生与现代社会”。当时这门课非常受学生欢迎，教室经常被挤得水泄不通，来“蹭课”的学生非常之多。后来，我的博士生陶新华、硕士生李瑾等也先后在我的讲稿基础上继续开设这门课程，仍然非常火爆。

2002年，高等教育出版社决定出版这本教材。我邀请陶新华协助整理讲稿，考虑到结构的完整性，专门邀请从事艺术教育研究的专家倪祥保教授撰写了《大学生的艺术追求》一章。同时，邀请李瑾、施玲玲、李敏等从学生的视野通读本书，提出了修改意见。

时任教育部高教司的刘凤泰副司长和阎志坚处长也给本书很多支持。刘凤泰司长在序言中评价这本教材“充盈着现代人生哲理和教学智慧，又是一本指导现代人生的普及读物”。

高等教育出版社
2003年8月版

高等教育出版社
2004年3月版

46 中国开发区组织管理体制与地方政府机构改革

2007年12月，我从苏州大学的一名教授转任苏州市人民政府副市长。此前不久，我被录取为复旦大学经济管理学院的博士后。最初的研究课题是准备研究中国古代的管理心理学思想，在这方面也有比较长期的积累。但是，我历来主张学以致用、研究务实，到政府部门工作以后，我就开始思考，如何结合本职工作做研究，所以选择了研究政府组织管理体制与机制的问题。

苏州是中国改革开放的重要城市，尤其是外向带动战略成效显著的城市之一。其中，开发区发挥了重要作用。开发区的体制机制没有先例，完全是在实践中的创造。所以，我把研究课题再次聚焦为开发区的体制机制问题。因此，本书也成为国内第一部系统全面深入分析中国开发区组织管理体制与地方政府机构改革的著作。

自20世纪90年代初，我国的开发区建设开始起步，并在较短时间内取得了较大发展。不仅在经济方面实现了超常规的发展，而且在组织管理体制的探索和实践方面，也取得了突破性

天津人民出版社
2001年7月版

的进展。针对这一现象，该书结合中国开发区建设的实际，对我国开发区组织管理体制建设中取得的经验和教训，进行了归纳、总结与理论研究，不仅填补了我国当时对开发区组织管理体制进行系统研究的空白，而且对于提高开发区的管理水平也提出了若干建议。

在内容上，该书采用个案分析法和比较法，分析了中国开发区的形成与发展历程，重点讨论了我国开发区组织管理体制的模式、成就、问题以及趋势，并在此基础上，针对我国开发区组织管理体制中的弊端和问题，提出了具体的解决策略。

在撰写本书的过程中，苏州工业园区、苏州新区、昆山开发区、张家港保税区管委会提供了大量原始材料。苏州市委宣传部的刘伯高先生协助我做了许多调查研究与资料收集工作，苏州大学教育学院的研究生薛晴也协助做了外文文献的翻译等具体工作。复旦大学的苏东水教授、高汝熹教授、姜波克教授、甘当善教授、任浩教授、徐培华教授、颜世富博士等给予了指导和帮助。

47 中国十大名将

台湾业强出版社
2001年版

本书是台北业强出版社发行人陈春雄策划的“青少年图书馆丛书”中的一本。

中国是一个具有悠久历史和灿烂文化的文明古国，也是军事科学发展悠久的国度之一。在数千年的社会发展变革中，在数以万计的各类战争实践中，不仅涌现了一大批驰骋疆场、运筹帷幄的名将，而且也产生了一些名垂青史、博大精深的军事典籍。在历史的长河中，有许多悲壮感人、可歌可泣的战争故事。他们用自己的智慧谱写了一部壮怀激烈的史诗。

一部军事史，其实也是一部名将群星闪耀的历史。在撰写本书的过程中，遴选出十大名将，是最让人头疼的事情。最终我们从人物个性、军事贡献、战争特点、历史评价等维度确定了书中呈现的十大名将：孙武、吴起、孙膑、白起、韩信、周瑜、郭子仪、岳飞、戚继光、郑成功。

我的专业是中国本土心理学和中国教育思想史，与军事毫不搭界。三十年前，我阴差阳错地参与主持编写了《中国100个军事家》一书，积累了一些军事知识。这本书的写作也是因为机缘巧合，好友复旦大学的栾梅健先生去台湾讲学，受业强出版社的委托寻找大陆作者为他们的“青少年图书馆丛书”撰稿。我是在他的极力鼓动下才下决心撰写的。当然，还有一个重要的原因，就是我的儿子朱墨当时特别喜欢听打仗的故事，读打仗的书，上了小学以后，我就让他自己找军事家的传记去看了，我也省去了不少讲故事的时间。

我的博士生陶新华是这本书的主要作者。我执笔完成了《孙武》与《戚继光》两位军事家的故事，其余的初稿是他撰写的，最后由我修改定稿。

48　当代日本中学生与教育

苏州大学出版社
1999年10月版

我曾经于1990年至1991年赴日本上智大学工作一年，其间访问了不少日本的学校，对日本教育产生了浓厚的兴趣，回国后主持编写了近20卷的大型“日本教育研究丛书”，由山西教育出版社出版。但是，在日本期间收集的不少生动丰富的资料在丛书中仍然无法全面反映，于是想到了编写一本通俗易懂、有趣生动的小书。

这本小书是我与当时在香港中文大学就读博士学位的许庆豫先生合作撰写的。由我拟定总体框架和写作提纲，庆豫与我分头执笔，最后由我定稿。从本书的内容标题可以大致了解它的主要内容：“立身出世”——中学生的社会角色、班级——中学生的学习单位、优越的学习环境、“有钱读好书”——私立中学面面观、无可奈何进职中、多样化的高中景观、“18岁的某一天”、“考试地狱”、颇具特色的课程体系、哪种能力最重要、中学道德教育的追求、劳动体验、开放的性教育、快乐的体育、“特别活动”、“自然教室”与修学旅行、“想学什么就学什么”、生意兴隆的“学习塾”、包罗万象的校规与管理主义、中学生的“出路指导”、中学生就业扫描、“登校拒否”的中学生、“流飞学生”与心育、触犯法律的中学生、“欺侮弱小”与校园暴力、中学生眼里的“好老师”、中学生的交际与友谊、中学生的偶像崇拜、尴尬的家庭教育、“爸妈管得太多!”、失去父母之爱的中学生、没有被遗忘的角落——残疾学生、走向国际化、都市化与乡村教育。可见，这本书是关于日本中学教育的一个万花筒，希望为中国的教师、学生和家长们打开一个了解日本教育的窗口，尤其是为中国的中学生了解域外的中学生开一个小小的窗口。

在本书撰写的过程中，苏州索尼公司的梁娟小姐协助翻译了一些原始资料，苏州大学教科部资料室的王青老师也给予了许多支持。

49 当代日本道德教育

这是一部系统研究日本道德教育的专著，也是国家社科基金教育科学青年专项项目《中、日、美学校道德教育的比较研究》和江苏省哲学社会科学研究基金项目《学校道德教育的跨文化研究》的成果，还是“当代日本教育丛书”的“压轴”之作。

中日两国有着悠久的文化历史渊源。然而，我们不难发现，无论是在电视里，还是现实生活中，日本人那种基于道德教育之上而表现出来的文明礼貌、优秀教养、公共秩序，给我们留下了深刻的印象。通过这本书，就可以从中找到一些原因。

该书以时间为线索，分别介绍了日本道德教育的思想，战前与战后日本道德教育的发展历程，并且围绕日本道德教育的目标、教学计划、基本内容、管理评估、道德课以外的道德教育等方面展开论述，书后附有日本学校教育评估基准、日本学校评估问卷样例以及日本学校道德教育教材与教法举例等内容，对我国道德教育具有重要的借鉴作用。

这本书的写作始于1995年。作者之一王智新先生当时是日

山西教育出版社
1999年6月第1版

本宫崎公立大学的教育学教授，他从日本寄来了大量日本道德教育的原始资料以及他从事日本道德教育研究的珍贵手稿，希望由我来整理成书。由于我当时正在全力以赴准备博士论文，编辑“当代日本教育研究丛书”，一直没有时间整理。1997年底又被选任苏州市人民政府副市长，由于行政事务繁忙，只能请另外一位作者尹艳秋副教授帮助继续收集资料和补充文稿。尹艳秋是我的博士生，长期从事公共教育学的教学工作与教育基本理论的研究，正是在她的全力参与与协助下，此书才得以顺利完成。1998年10月开始，我用了近两个月的时间定稿杀青。所以，本书是我们三人的合作成果。主要工作是王智新和尹艳秋完成的。

这本书的出版，特别要感谢时任苏州大学日语系主任的张乔松先生，他帮助组织翻译了包括全套的日本《公民》课的试卷等，对本书的撰写很有帮助。

50 刑罚与教化

——中国犯罪心理思想史论

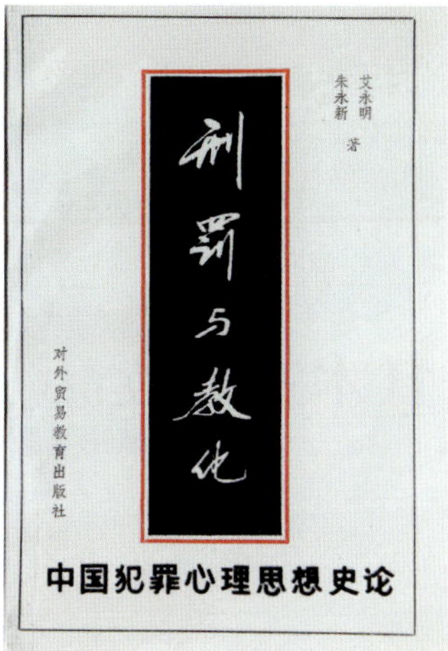

对外贸易教育出版社
1993年2月版

这是一本研究中国犯罪心理的拓荒之作。该书系统地梳理了我国自古至今的犯罪心理学思想的演变，填补了我国在犯罪心理思想史方面的研究空白，力图为建立当代具有中国特色的犯罪心理学提供基础资料，亦为有效防治犯罪提供有益的历史借鉴。用已故著名心理学家高觉敷教授的话来说“是一本创新性的著作”。

这本书的合作者艾永明教授是我大学本科的同班同学。毕业以后，他在苏州大学法学院工作，专研中国法制史。我在教育心理学研究室工作，研究中国心理学史。当我邀请他一起撰写一部中国犯罪心理思想史的时候，他毫不犹豫地应允了。由于专业背景不尽相同，现成资料几乎空白，成书过程异常艰辛。必须博览群书，深耕细作，然后才能有所得。经过近三年的努力，我们先后在《心理学报》《心理学探新》《心理科学通讯》等重要期刊上发表了十余篇研究论文。在研究过程中，亦得到了已故中国著名心理学家潘菽教授和著名心理学家高觉敷教授的指导和帮助，潘菽先生几次来信给予指点。

51 当代日本高等教育

山西教育出版社
1992年12月版

这是我与王智新先生共同主编的“当代日本教育丛书”中的一本，由我与苏州大学的许庆豫教授合作撰写。

这本书分别讨论了日本高等教育的起源与发展，日本高等教育的结构与管理，日本高等教育的方针与政策，日本高等教育的师资，日本的大学生，日本高等院校的教学工作与科学研究，日本高等教育的经费来源分析，日本高等教育与社会的关系，日本高等教育的改革，日本高等教育的主要特点与值得借鉴的内容。全书还附录了中国留学生眼中的日本著名大学等。本书一个重要的特点在于，它不仅仅是对日本高等教育经验的观察和事实的审视，而且尝试着进行理论的分析与规律的总结。

本书的编写，得到了中国教育学会原会长张承先、日本教育学会原会长大田尧、中国教育学刊原主编张健、日本早稻田大学原校长小山宙丸、日本国立教育研究所原所长泷泽博三和山西教育出版社的大力支持。

52　现代视野内的中国教育心理观

我国是一个有着丰厚的教育心理思想的国家。然而，自新中国成立至20世纪八九十年代，我国的教育心理学不是言必称西方，就是言必称苏联，对我国自己的心理思想，却很少问津。基于这一现状，我们觉得，有必要用现代教育心理学的眼光，对我国古代的教育心理思想遗产进行爬罗剔抉，分析整理。这本书，就是这项工作的结果呈现。

本书共计八章，其中绪论部分分析了中国古代教育心理思想的发展简史、基本特点、主要成就和贡献；第一章分析了中国古代教育心理思想的基本理论；第二章至第六章依次论述了中国古代的学习心理、德育心理、差异心理、教师心理、测验心理等。附录部分讨论了中国近现代教育心理学的形成与发展。

本书是在我的导师燕国材教授的直接指导下，分工合作编著而成的。其中，燕老师负责撰写绪论、第二章和第六章；我负责撰写第一章、第三章、第五章和附录部分；燕良轼先生撰写了第四章的初稿。全书最后由燕国材老师把关定稿。

中国科学院学部委员潘菽教授、南京师范大学高觉敷教授、西南师范大学刘兆吉教授、上海师范大学李伯黍教授等对本书的撰写极为重视，多次提出宝贵的建议和意见。同学尹文清、黄强华等也给予诸多帮助。

上海教育出版社
1991年8月版

53 管理心理学导论

江苏人民出版社
1990年6月第1版

这是我第一部尝试构建管理心理学体系的教材。20世纪80年代后期，我在苏州大学开设了管理心理学课程，这本教材就是在讲稿的基础上形成的。它不同于以往的管理心理学著作，主要是全面综合考量了管理系统中的各个要素，并围绕管理心理学的目标、人际管理、培训心理、领导心理、激励心理、环境管理心理、时间管理心理、信息管理心理等几个方面展开论述，从而使得本书的理论体系更为全面、丰富和独特。

这本教材的另外一个特点是普适性。当时我国管理心理学主要是以工业、企业为研究对象，没有一本普遍适用于任何组织管理乃至个人管理活动的著作。为了保证教材的质量，我邀请了苏州大学的同事樊琪教授和李兰芬教授参与编写了这本著作。

这本教材出版以后被苏州大学以及江苏、苏州市许多行政部门、企业采用，受到广泛好评。以后高等教育出版社的国家教材就是在这本书的基础上增补修改完成的。这本书作为最初的讲义稿的历史使命也就完成了。

54 政治心理学

这是一本专门研究政治心理方面的早期著作。该书扼要地介绍了政治心理的实质、研究对象、意义方法、历史现状和流派，并从心理学角度分析和解释了个体的政治社会化、政治行为、领袖心理、群众心理等现象，对政治过程与心理过程的关系做了全面的分析和深入的研究，揭示了政治活动的心理规律。

这本书的写作缘起于一个重要的专业背景。我大学本科的第一个专业是政治教育专业，大学的几年学习生涯，一直在为做一个优秀的中学政治教师做知识储备，读过一些与政治心理学相关的书籍，如社会心理学、政治学等，但是几乎没有关于政治心理学方面的著作。转学心理学专业以后，就一直有一个梦想，编写一本《政治心理学》。

正在这个时候，读到了邓小平同志关于《坚持四项基本原则》的文章。其中指出“政治学、法学、社会学以及世界政治的研究，我们过去多年忽视了，现在也需要赶快补课”。源于这种“补课”的信号，加之政治心理学是一门新兴综合学科，国

知识出版社
1990年1月版

内关于政治心理方面的研究还处于空白状态。我和袁振国先生在资料极度匮乏的情况下，率先涉猎和研究政治心理，为我国研究政治心理问题做了一个探路先锋。现在想来，是有些初生牛犊不怕虎的气概。

在成书的过程中，苏州大学政治系主任薛守贤教授，陆惠星、任平等同志提供了积极的建议和有益的帮助。

55 男女差异心理学

这是一本专门研究男女差异心理方面的著作。20世纪80年代开始，我和袁振国先生合作撰写了一系列心理学普及读物，这本书就是其中之一。在一个男性价值观占支配地位的社会，心理学多半是以男性心理为背景的，女性的心理几乎被忽视了。而缺乏对女性心理的研究，就很难说对人类自身有真正的认识。我们日常生活中所说的“男女搭配、干活不累”，指的就是男女差异的优势互补。因而，研究男女差异不仅仅是一种理论需要，而且也是一种现实生活的必然需求。

正是在这样一种背景下，我们围绕性别差异的生理基础、男女性别的角色化、男性度和女性度、智能与性格的性别差异、情感与自我意识的性别差异、成就动机和职业心理的性别差异、交往心理与家庭生活的性别差异、性心理与心理健康的性别差异等问题，进行了全面分析。这本书系统地介绍了近几十年来国外性别差异心理研究的成果，反映了我国在这方面的研究进展，并结合生活实际，进行了一些分析探讨，以便为人们了解男女性别差异，并在掌握这种差异的基础上更好地发挥自身优势，实现合作共赢，从而为幸福生活打下基础。蒋乐群、许为民参与了本书的撰写。

天津人民出版社
1989年5月版

56 才性之谜

——刘劭《人物志》注译与研究

1981年，我在上海师范大学教育心理学研究班学习的时候，受导师燕国材先生的影响，对中国古代心理学史的研究产生了浓厚的兴趣。在大量阅读文献的过程中，发现刘劭的《人物志》是一本难得的研究人的专著。这是一本窥探才性、品鉴人物的理论著作，又有很强的应用性。1937年，美国学者斯莱奥克曾经把它编译成一本书，题为《人类能力之研究》，由美国东方学社出版。

这本书是国内第一本研究《人物志》的专著，它不仅从人才学、心理学的角度分析评论了其思想，还对原文逐一注释、翻译和点评，使一般读者能理解辞藻华丽、语义深奥的原文精华。为了使译文更加准确生动，我专门邀请了河北大学古籍研究所的刘崇德先生合作，他负责译文，我负责解读和分析。从人才研究的意义、人才鉴别的方法、人才任用的艺术和人才心理的完善等角度，对全书进行全方位的阐述。这本书为我研究中国古代心理学历史和人才心理奠定了较好的基础。

在本书的编写过程中，日本学艺大学的蒋乐群先生，江苏省哲学社会科学联合会的赵永乐，江苏省社科所的张丽宁，浙大出版社的刘洁、李玲如和河北大学的马国良先生等给予了无私帮助。

浙江大学出版社
1989年5月版

57 咨询心理学

这是一本国内较早介绍咨询心理的小书，也是“现代心理学丛书”中的一本。20世纪80年代开始，随着科学技术的突飞猛进，物质文化生活水平的逐年提高，也随着心理学知识的普及，心理咨询事业越来越引起人们的关注，逐渐进入到了工厂、学校、政府机构、家庭中。它开始成为工人、职员、学生必不可少的重要工具。在我国，心理咨询工作开展较迟，很长一段时间内处于空白状态。然而实践表明，人们在生活、学习和工作等方面存在着许多亟待解决的心理问题，而心理咨询对增进广大群众的心理健康，提高科学文化知识水平以及促进社会主义精神文明建设，都具有一定的积极作用。正是在这种背景下，在时任中国大百科全书心理学卷责任编辑张人骏先生的建议下，我与张人骏先生、袁振国先生合作编写了这本小书。

该书着重探讨心理咨询的过程、形式、原则、方法和内容以及咨询人员的必备条件，涉及的领域有人际交往、家庭生活、职业选择、学习工作等各方面，对于解决日常生活中出现的心理问题具有一定的指导意义。

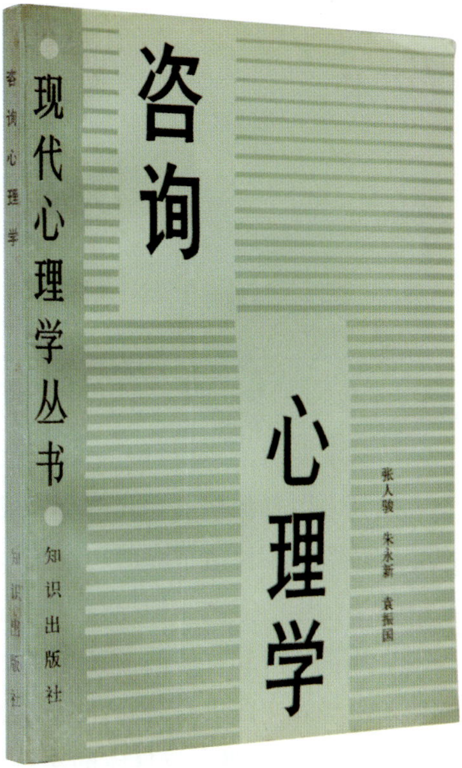

知识出版社
1987年2月第1版

这本书出版前后，我在苏州市建立了青少年心理咨询中心，也在苏州大学建立了心理咨询中心，为青少年学生提供义务心理服务。这本书也成为我自己的重要工作手册。

58 交往的艺术

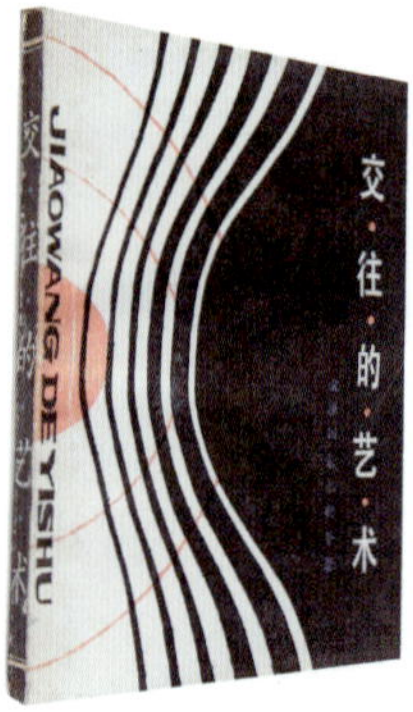

天津人民出版社
1987年1月版

这是一本专门论述人与人之间交往的著作。当时我和袁振国先生在《中国青年报》和《南京日报》开设了青年心理的专栏，深感一些学术价值很高的理论著作较少有人问津，未能发挥其指导社会生活实践、指导精神文明建设的应有作用，而年轻人则非常希望得到具体的指导和帮助，其中最关心的问题之一就是如何与人交往。当时研究交往的著作还暂付阙如，我们便萌发了在抽象的理论与具体的实践生活之间架设一座桥梁的念头——从事高层次科普读物的写作，希冀使令人望而却步的高深理论变得可亲可爱，使日常生活更加科学、文明，并力求作品的信息新、信息量大，语言文字生动活泼。

该书由袁振国先生总体设计。主要以怎样在交往中结成和发展友谊，怎样形成良好的人际关系，怎样使我们的交往更文明、更礼貌、更富有成效三个重要问题为主题，围绕交往的原因、差异、问题和策略等方面展开论述。

这本书出版以后受到了读者的好评，多次加印，总印数达20余万册。

59　地球上最美丽的花朵

——心理学及其应用

这是一本着重介绍应用心理学的著作，也是一本由大家撰写的心理学科普读物。燕国材、马文驹、杨鑫辉、杨永明都是我的老师，也都是中国心理学史的前辈。该书通过浅近的文字、有趣的事例，用历史的典故、名人的轶事，重点围绕“什么是心理学？人的思维、情感和意志是怎么回事？心理学怎样应用到教育、军事、商业、医疗等方面?”的一系列问题，阐述了心理学的基本知识和实际应用。

这本书由50篇短文组成，各篇相对独立，要求讲清心理学中的一个小问题，又有机联系，把各个问题组成一个完整的整体。全书分为上下两篇：上篇讲述普通心理学的知识，共有16篇短文；下篇专论应用心理学的问题，共有34篇短文。鉴于当时已出版的心理学普及读物中讲普通心理学的多，讲应用心理学的少，所以本书以三分之二以上的篇幅来介绍应用心理学的知识。

本书的最大特色在于做到“四性”的有机统一，即思想性、科学性、知识性和趣味性。而最后确保这本书达到如上要求的是我的恩师燕国材先生，他负责全书的策划与指导，我负责具体工作和主要执笔。正是在燕师的高标准、高要求下，在他和江西人民出版社责任编辑蒋佩明的精心指导下，本书得以高品质出版。

参与撰写的既有老一辈心理学家杨鑫辉、杨永明、马文驹、许其端等，也有年轻的心理学者。现在看到这本定价只有1.62元的旧书，想起与几位前辈一起编书的经历，仍然很有感触。他们都是心理学界的名家，但是对于普及读物却非常认真，一点也不敷衍。他们自己撰写的稿子，也是反复修改。责任编辑蒋佩明精力充沛、热情洋溢，通过这本书的编辑，我们也成为非常好的朋友。

人民出版社
年3月版

60 增进你的心理健康

上海人民出版社
1986年12月版

该书系“青年之友”丛书中的一本，也是国内较早论及青年心理健康的一本通识性小册子。

20世纪80年代初，我和老同学袁振国受《中国青年报》和《南京日报》的心理健康专栏之约，就青年朋友们常见的心理障碍，撰写了十多篇短文，分析了这些心理障碍的形成原因和危害，提出了相应的解决办法。出乎意料，这些文章颇受青年朋友的喜爱，他们到处传抄，甚至剪贴在自己心爱的日记本的扉页上，引为借鉴和自勉。这使我们深为感动，也深感这项工作的社会意义重大。于是在《南京日报》编辑吕国荣同志的鼓励和支持下，我们在此基础上进行了重新构思和系统扩充，形成了这本成系统的册子。

全书围绕“青年心理健康”这一主题，分为认知与心理健康、情感与心理健康、意志与心理健康、个性与心理健康、人际关系与心理健康、常见的心理异常特征6章，分别论述了认知、情感、意志、个性和人际关系等与心理健康的关系，对心

上海人民出版社
1986年12月版

理健康的影响，以及如何处理这些影响心理健康的因素的方法，对于帮助青年朋友解决心理困惑具有现实意义。

我们在撰写过程中尽可能采用年轻人喜闻乐见的语言，融知识性、叙事性、生动性、趣味性、实用性和学术性于一体，努力让书做到可读、易读、爱读。该书出版后，受到了青年朋友的欢迎，被评为上海市优秀青年读物。

61 心理世界窥探

这是一本心理学的科学普及读本，用“讲故事，说原理”的方法介绍了心理学的基本常识。如用野孩、狼孩、明皇少子的故事说明心理发展与社会环境的关系，用飞鸟皆兵来讲述错觉的形成等。

这是一本只有8万余字、162页的薄薄的小册子，但是我对它有着特别的感情。因为这是我出版的第一本小书，也是我与袁振国先生合作的第一本书。

江苏科技出版社
1984年1月版

大学三年级的时候，我们分别从苏州和扬州来到了上海师范大学。振国最初给大家的印象是扬州才子，到底是中文系出身，那优美的文笔让我们羡慕不已。学习的时间不长，他的一篇关于灵感研究的论文就在上海师范大学的学报上发表了。我不太同意其中的一些观点，于是有了我们频繁的讨论和“争吵”，有了我的商榷文章。而我们的友谊，也就在这讨论和“争吵”中萌芽与成长。

那时我们可以说是无所畏惧，豪气满怀。记得有一次，我曾经不知天高地厚地对振国说，总有一天，我们要让自己的著作像弗洛伊德的著作一样，走进每个人的书架！于是，我们疯狂地读书，疯狂地写作。我们以两个人的名义在《中国青年报》和《南京日报》等报刊开设了专栏，我们在《心理学探新》《苏州大学学报》等刊物联合发表论文，我们的第一本书《心理世界窥探》也由江苏科技出版社正式出版。这是我们合作的第一本书，当时我们还都是二十多岁的年轻人。为了能够赶上振国这位中文系的才子，我也只好在遣词造句上下功夫，精雕细琢，用心打磨。通过一系列“小文章”的撰写，在很大程度上提高了我的写作能力。很多朋友说喜欢我的文字，这在很大程度上要归功于这个时期的训练。

这本书的责任编辑叫罗时金，是一位很有经验的老编辑。孙为国先生为每则故事画了精美的插图。

四、主编

2013年全国两会网络访谈（摄影：滕靖南）

62 苏霍姆林斯基教育箴言

在中外教育史上，几乎很难找到第二位像苏霍姆林斯基一样，既拥有深厚的学术素养，又拥有丰富的教育实践，还以难以想象的勤奋与坚持，记录下自己的思考与探索的教育家。其实他并没有很高的学历，17岁初中毕业后，只经过一年师资培训班的学习，他就当起了农村小学教师。然而，他坚守理想，坚持学习。从29岁开始，他一直担任乌克兰一所农村十年制学校——巴甫雷什中学的校长。在35年的教育生涯里，他无论是担任教师、教导主任，还是校长、区教育局长，都没有脱离过教育教学第一线，没有停止过对教育科学的思考与研究。他的生活非常有规律：每天早晨五点至八点从事写作，白天去课堂上课、听课、当班主任，晚上整理笔记，思考一天工作中遇到的问题。

教育科学出版社
2015年9月版

丰富的实践和持续的思考使苏霍姆林斯基成为一名享誉全球的教育家。他一生中写了40多本书，600多篇论文，1000多篇供儿童阅读的童话、故事和短篇小说。他的著作被誉为“活的教育学”“学校生活的百科全书”。新教育网络师范学院专门开设了一门课程《苏霍姆林斯基教育学》，并且发现了一把打开他教育思想宝库的钥匙，也就是

教育科学出版社
2015年9月版

苏霍姆林斯基的“教育学循环”：生命在劳动和学习的过程中克服困难、获取成功，进而获得高度的自我感受（自信自尊），以及责任感与意志力，和渴望再度通过学习，通过克服劳动和学习中的困难而获得幸福的动机。

苏霍姆林斯基教育思想内容丰富，博大精深。我认为他最了不起的地方，就是他真正把儿童作为人来对待，真正地尊重

和理解儿童，认为童年是人生最重要的时期，“要进入童年这个神秘之宫，就必须在某种程度上变成一个孩子”。

吴法源兄让我编选这本《苏霍姆林斯基教育箴言》，是想为一线老师提供一个最简明的苏霍姆林斯基读本。为此，我再次通读了教育科学出版社的五卷本《苏霍姆林斯基教育选集》(其中第三卷读的是人民教育出版社出版的《育人三部曲》)。与其他教育家的教育箴言不同，选编《苏霍姆林斯基教育箴言》时，最大的痛苦是取舍非常艰难。他的思想太丰富了，几乎所有的教育问题都有自己的思考与独特的见解。他的思想太精彩了，许多让我心潮澎湃的隽语碍于篇幅有限无法撷取。

苏霍姆林斯基只活了52岁，离开我们也有43年的时间了，但是他的教育思想仍然闪烁着真理的光芒。甚至，在今天的中国，追随苏霍姆林斯基的教师，从人数上已经远远超过了他的祖国乌克兰。

苏霍姆林斯基的生命几乎就是教育本身，是一部巨著，值得我们好好精读细啃。他的教育思想是真正从教育的田野里生长出来的，是他作为一个教师和校长从教室和校园里体悟出来的，对于一线的老师来说，是鲜活的，生动的，可以操作的。

63 教育改革进行时

这本书是“中国教育三十人论坛丛书”的第一本，也是“中国教育三十人论坛”成员文章的首次结集。这些文章以问题意识为导向，从不同角度审视和剖析中国教育存在的各种问题，提出改革意见和建议。收入的文章有石中英的《三十年教育改革的中国经验》、胡瑞文的《深化教育改革才能扩大优质教育供给》、袁振国的《加强省级政府统筹，深化教育领域综合改革》、吴康宁的《自我革命：全面深化教育改革绕不过去的坎》、项贤明的《教育改革中的问题辨析》、邵鸿的《教育改革的大方向是什么?》、朱永新的《重启教育改革》、陶西平的《让人民选择》、周国平的《人文精神与教育》、顾明远的《学生成长在活动中》、文东茅的《教育家成长的制约因素与政策建议》、李镇西的《“深刻”不是教育的唯一尺度》、张志勇的《把立德树人作为学校教育的根本任务》、王嘉毅的《我国农村基础教育课程改革：问题与对策》、李希贵的《关于学校内部治理的实践与思考》、张卓玉的《局长、校长与制度重建》、谢维和的《高考改革：定位、形态与变量》、徐辉的《“十三五”规

山西教育出版社
2015年1月版

划与高水平大学建设问题》、钱颖一的《论大学本科教育改革》、刘铁芳的《大学通识教育的意蕴与可能》、陈平原的《我眼中的内地与香港的大学教育》、严文蕃的《美国博士生教育体制》、程介明的《全球课堂正在静悄悄改变》、汤敏的《慕课：是泡沫还是一场教育革命?》、方展画的《从“建筑学”走向“生物学”：传统教学模式亟需升级》、周洪宇的《站在人类历史拐点处探求教育变革之路》等论文。本书既是“中国教育三十人论坛”学术力量的展示，也反映了本论坛的理念。

随着义务教育的全面普及和高等教育的大众化，中国教育进入了一个新的历史阶段。这个阶段的特点是，各种矛盾和问题凸显，社会各界对于教育意见很大，教育改革刻不容缓。但是另一方面，整个社会没有形成教育改革共识，缺乏教育改革的动力。

为了凝聚社会共识，推进教育改革，教育界、媒体界的有识之士倡议成立了“中国教育三十人论坛”。论坛是一个非官方的独立智库，坚持理性、建设性、前瞻性、国际性的理念，专注于中国教育问题的研究，致力于推动中国教育改革。“论坛”遵循高质量、独立、客观、实事求是的研究精神，就中国教育存在的热点、难点、重点问题进行深入、缜密的综合研究，向社会公众提供有深度的分析和观点，推动社会关注，引导理性

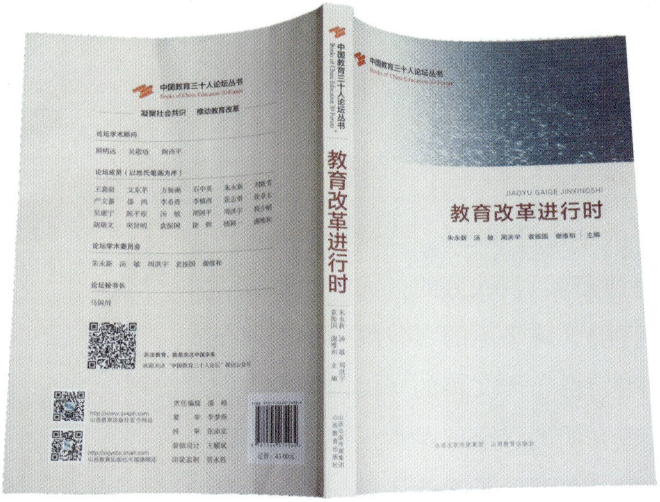

山西教育出版社
2015年1月版

思考；提出具有前瞻性的政策和咨询建议，为复杂决策提供全局性研究支持，为问题解决提供相关性依据，努力架起学术界、政府公共政策之间的桥梁，向决策层提供权威信息和建议。

和目前众多的智库不同，“中国教育三十人论坛”的最大特点就是跨界。论坛成员既有教育理论家，也有教育实践者，既有经济学家，也有人文学者，他们都拥有很高的社会声誉，都关心中国教育。论坛将来还要吸收企业界和其他社会科学界、自然科学界的卓越人士。

这本书由“中国教育三十人论坛”学术委员会组织编写，汤敏、周洪宇、袁振国、谢维和与我担任主编，马国川先生担任全书的总协调。

众所周知，改革是一个复杂的系统工程。对于任务面广量大、利益牵扯繁多、关系错综复杂的教育改革来说，更是千头万绪，任务繁杂。因此需要吸收更多社会力量关注教育改革，需要社会各界贡献智慧，集思广益。“中国教育三十人论坛”希望突破以往的学科壁垒，通过不同学科的对话、交流和碰撞，丰富和活跃“思想市场”（著名经济学家科斯语），提供教育改革的新理念、新思路。这本书正是通过跨界对话的方式，把各学科专家对中国教育发展、改革中的问题及政策建议的研究成果集合起来，希望用他们的思想精华对中国教育改革和发展起到推动作用。

64 叶圣陶教育名篇选

选编一本全面反映叶圣陶教育思想的著作，是我长久以来的梦想。这个梦想不仅来自作为叶圣陶研究会副会长兼秘书长的工作要求，更源自与先生的情缘和作为教育学者的责任。

每个选本，都是每个选编者眼里的叶圣陶。在书店里，叶圣陶作品的选本，早已琳琅满目。而我眼里的叶圣陶先生，又是怎样的呢?

如今的网络时代，输入先生的笔名，了解的大门就俨然已经打开：叶圣陶（1894—1988），原名叶绍钧，字秉臣，后改字圣陶，笔名有叶锦、圣陶、斯提、桂山、秉丞、郢生等，江苏苏州人，我国现代著名教育家、文学家、出版家和社会活动家。著有我国第一部童话集《稻草人》和第一部长篇教育小说《倪焕之》，还有大量小说、散文、儿歌等文学作品，著作收录26卷本的《叶圣陶集》。新中国成立后，叶圣陶曾担任国家出版总署副署长、教育部副部长、人民教育出版社社长、中国作家协会顾问、中央文史研究馆馆长等。是第六届全国政协副主席、第五届全国人大常务委员会委员、第五届全国政协常务委员会委员、民进中央主席。但是，要想真正懂得叶圣陶先生，或许必须懂得一个词：教育。

从18岁做小学教师开始，叶圣陶一生几乎没有离开过教育，从事教育工作近80个春秋。他对教育的挚爱之炽和思虑之深，堪称教育工作者的楷模。无论是在甪直吴县第五高等小学的青春年华，还是在开明书店主编《中学生》杂志和编写系列国语教材时的激情岁月，无论是主持人民教育出版社期间对教材国家队的建设，还是主政中国民主促进会时对一线老师的关怀……工作不同，职务各异，但围绕着教育这一核心，却一直在坚定探寻。无论是他宣扬的教育思想，还是他主编的教材内容，都已经滋养了中国几代孩童与教师，时至今日，他当年的一些呐喊听来仍然振聋发聩。

在漫长的教育生涯中，叶圣陶提炼出了“教是为了达到不需要教”“教育就是养成好习惯”“学校教育应当使受教育者一辈子受用”等教育观点。这些观点来自火热的教育生活，又经过他的提炼，一经提出便脍炙人口。其中许多教育观点，如教育不是工业是农业，文理不宜分科，语文是发展儿童心灵的学科，写作就是说话，先做学生的学生才能做学生的先生，儿童非缩小的成人，品德教育重在实做等，不仅在当时具有深远的影响，其力度穿越数十年，在今天看来仍然具有重要的现实意义。

如果仅仅如此，先生于我而言，可能也只是从文字里学习讨教的教育大家之一。但是，特别的情缘，把叶圣陶先生变成了我的“唯一”。因为，在我苏州居所对面有一所草桥小学，前身就是叶圣陶曾经就读过的吴县县立高等小学。每个清晨，听到孩子们琅琅读书声，推窗从楼上眺望孩子们在操场嬉戏追逐，有时我不由得会遐想，就在这叶圣陶曾经读书嬉戏的地方，是否又有小小叶圣陶正在悄然成长着？从草桥小学门前的小巷往前走不到100米，就是苏州市第一中学，它的前身则是苏州公立第一中学堂（草桥中学），叶圣陶从这里毕业后，就因家境贫寒而直接走上了教学岗位。早晨或者晚间跑步，我经常会经过这里，看着叶圣陶亲笔题写的校名，也会情不自禁地想象当年他与顾颉刚、王伯祥等在这里激扬文字的青葱岁月。

当文字和个人融为一体，当书籍与生活融为一体，这样的影响来得隐秘却又深刻。我庆幸，自己能够与这样一位伟人靠得如此近，近到那闪烁着思想光芒的句子，似乎成为了先生耳提面命的反复叮咛。

人民教育出版社
2014年9月版

不仅如此，在先生和我的情缘之中，还有另一关键词：民进。我是1988年4月参加民进的。那一年2月，叶圣陶刚刚离开我们。新华社的消息说：“他的逝世，使文化教育界失去了一位巨人，是中国人民的一个重大损失。哲人其萎，典范永存。”那时，先生的名字，已经永远与中国民主促进会浇铸到了一起，紧紧地联系在一起。民进于1945年12月在上海正式成立，当时叶圣陶并不在上海。不过，他于1946年回到上海后不久就担任了上海市小学教师联合进修会和中学教育研究会的顾问，而这两个组织的领导人都是民进会员。同时，他通过编辑杂志、撰写文章、发表演讲，揭露和抨击当局内战、独裁、卖国的罪行，与民进的文化界教育界同人一起投入到民主爱国的运动中。所以，他虽然在1962年才正式加入民进，但早已是民进之友。1979年，他当选为民进中央副主席，1984年，他出任继马叙伦、周建人之后的第三任民进中央主席。

我于2007年调任民进中央副主席。在民进中央机关的大厅，就矗立着叶圣陶的塑像。先生面容温和，目光睿智，每天上班都会看到他亲切地对我们微笑，每一次，心中油然而生的敬意总在继续催生着责任。在近百分之七十的会员都是教育工作者的民进，如何做好本职工作？如何助推教育发展？如何继续自我教育？这些都是我朝暮自省的内容。而先生正是我们的老师，无声地勉励着我们。

可惜在生活中人们往往把晦涩迷信为深刻，导致与叶圣陶先生自身在文学、出版等多方面的成就相比，他的教育著作风格和体式平实，这使得作为教育家的叶圣陶反倒没有得到足够的重视。

我对先生的著作，尤其是教育著作，除了在求学阶段研读过之外，2002年，又曾经请苏州教科所的任苏民老师编写过一本《教育与人生——叶圣陶教育论著选读》，经我的审定以后，收入我主编的“新世纪教育文库”。从2012年开始，为了完成新教育新父母研究所“新父母晨诵”的任务，我再次通读了26卷的《叶圣陶集》，并且编写了《叶圣陶教育箴言》和《大师教你做父母——对话叶圣陶》两本著作。

这本《叶圣陶教育名篇选》，就是在完成这两部书稿不久，接到人民教育出版社刘立德主任的邀请，作为叶圣陶诞辰120周年的献礼而编写的。再度浏览梳理《叶圣陶集》之后，我给自己定下的要求是：篇目尽可能全面丰富，尤其注重贴近实际；导读尽可能深入浅出，尤其注重脉络鲜明。

所以，在篇目选择时，选入了叶圣陶在言子庙初任教师时一个月的日记，让读者了解一位教育家如何开启他的教育旅程。也选了一些叶圣陶的教育诗歌，让读者知道教育理论的表达不一定都是高头讲章，不一定都是逻辑严密的体系性著作。同时，选编中还尽可能避免用文摘的方式。文摘固然有集中精华呈现的优点，但缺少了文章的整体感，读者很难了解思想的来龙去脉与背景情况，因此这本书选编的128篇文章都是原汁原味的经典。从《晴窗随笔》选取的内容，也是完全独立的篇章。而且为了便于读者看出叶圣陶教育思想发展的脉络，每个部分的篇目都按照著作出版的时间先后排序，在导读时则分类、分内容要点阐述，这样既有时间的线索，又有内容的线索。为了方便读者查阅，在每篇文章的最后，标明了所选文章的具体出处。

人民教育出版社
2014年9月版

值得一提的是，这本书问世的时间正值第30个教师节到来之际。而叶圣陶先生与教师节有着不解之缘。1981年全国政协五届四次会议上，民进的17位政协委员联名提交“建议确定全国教师节日期及活动内容”的党派提案。1983年在全国政协六届一次会议上，民进19位政协委员再次联名提出“为提高教师的社会地位，造成尊师重教的社会风尚，建议恢复教师节”的提案。是民进率先在国家政治舞台上发出了设立教师节的呼声，而时任民进中央副主席的叶圣陶先生，正是这两个提案的发起人之一。当1985年全国人大常委会批准9月10日为教师节时，叶圣陶已经接替周建人成为新一届民进中央的主席。

选编者，就是最痴心的读者。利用2014年的春节长假，在此起彼伏的隆隆鞭炮声中，我完成了这次选编的最后工作。翻阅着手中沉甸甸的书稿，感慨万千。叶圣陶先生对于应试教育的批评，对于减轻学生负担的呼吁，对于加强阅读的倡导等，似乎就是针对当下中国教育的许多问题来谈的。这一方面是因为先生的教育思想有着穿透时代的力度，一方面也说明教育作为百年树人的大事与难事，是一个系统工程，改革不易！同时也是在提醒我们这个饱经磨难的国家，在推动教育发展上，我们的步伐还需要快一点，再快一点。我们要将书本上的教育智慧运用到现实生活中，要施展所学以改变人们的生活。如果理论不能结合实际，我们理论水平学得再高深，事实上也是入宝山而空回。

所以，我希望这本《叶圣陶教育名篇选》能够得到大家的喜爱，更由衷希望这本书里的内容能够启迪甚至改变大家的教育生活。教育是人类用来认识自我、确立自我的过程，需要一代又一代的传承与践行。我相信，当文字让我们穿越时空阻隔，得以与叶圣陶先生在教育路上并肩同行时，一定会给我们的行走增添新的智慧与动力。

65 管理心理学

高等教育出版社
2014年9月版

20世纪80年代后期，我在苏州大学主讲管理心理学课程。在我的讲稿基础上，出版了最初的教材《管理心理学导论》（江苏人民出版社，1990版）。该教材曾经在苏州大学及江苏省许多行政部门、企业多次讲授，受到了好评。后来重印多次，现已绝版。

2002年，由我担任主编、吴荣先担任副主编的《管理心理学》教材第1版，作为苏州大学应用心理学研究所的“十五”重点项目，由高等教育出版社正式出版。该教材从管理系统的视角，构建了目标、人力、信息、时间和环境管理的新体系，在内容上反应并拓展了西方组织行为学以人为重点的个体、群体、组织心理结构，在应用上从重点关注企业和组织的管理拓展到包含个人的自我管理。该教材还反映

高等教育出版社
2006年11月版

了我及研究团队的国家自然科学基金项目“中华管理智慧之现代价值研究（70071019）”的成果，揭示了“以人为本，以德为先，以和为贵，中庸之道，无为而治”的中华管理智慧，系统介绍了中国古代管理心理思想的发展历程、内容体系以及现代应用，具有鲜明的中国特色。该教材被选为普通高等教育“十五”国家级规划教材。自出版以来，已连续印刷9次，被各地高校广泛采用。

2006年，由我担任主编、范庭卫担任副主编的《管理心理学》第2版继续由高等教育出版社出版。在广泛搜集各地使用意见的基础上，对原书做了全面的修订。第2版保留了第1版的特色，同时补充了一些基本概念和理论。第2版被24个省（区）的300余所相关院校选作管理心理学课程的主教材，受到广大师生一致好评，累计印刷18次，并荣获第8届全国高校出版社优秀畅销书二等奖。

2012年，新编《管理心理学》第3版被选为普通高等教育“十二五”国家级规划教材。我们决定对《管理心理学》教材进行全面修订。在原有第2版编委会的基础上，新邀请了10位国内管理心理学和人力资源管理的著名学者组成第3版编委会，同时邀请同济大学经济管理学院的于国庆博士作为我的学术助手担任副主编。

新版教材力求全面反映管理实践的发展和学科研究的新动态，增加了“创新心理与管理”和“幸福心理与管理”两章，旨在促进创新型国家和幸福中国的建设。教材体系框架因此也由原来的五要素扩展为七要素：以幸福为目的，以目标为中介，以创新为动力，以人力、信息、时间、环境为资源。在教材形式上，每章新增加了章前引例，并对章末案例进行了更新。案例以中国企业为主，贴近中国管理实践。为了使本书篇幅不至于太大，也本着环保节约的原则，章末案例以光盘形式附在书后呈现，以方便教师以电子版形式让学生预习。我们还建立了《管理心理学》第3版教材的在线学习网站。网站提供教学课件，以及相关教学资源，方便师生和教材使用者学习。

66 中国人阅读书目（一）
——中国幼儿基础阅读书目·导赏手册

本书是新阅读研究所“中国幼儿基础阅读书目”项目成果之一，由我和王林先生担任主编。本书采取“40加60”的方式选书，即将40本基础阅读书和60本推荐阅读书介绍给广大幼儿及父母、老师，分别按1岁—3岁、3岁—4岁、4岁—5岁、5岁—7岁四个年龄段推荐，每个年龄段10本基础书，15本推荐书，旨在为他们提供一份科学、权威、公正、独立的阅读书单。主要内容包括书目研制报告、100本书的书目表、每本书的出版信息（封面、内容和作者简介）、专家导读、延伸阅读等。

为什么要为幼儿选书？从孩子出生开始的最初几年，除了乳汁、玩具之外，我们还要给他们什么？犹太人的做法是，在书上面滴一点蜂蜜，让婴儿爬过去舔，让孩子知道书本是甜的。英国人的“起跑线”计划是，婴儿出生后送一个“阅读包”，里面是几本儿童图书和阅读证。新加坡人的做法是，医院护士必须告诉产妇一个重要事项：如何读书给婴儿听。

美国心理学家威廉·詹姆斯认为幼儿时期是一个“繁花似锦、匆忙而迷乱的时期”。在这个时期，我们不仅要关注孩子的衣食冷暖，更要关注孩子的精神成长，让他们认识周围世界的好奇心得到满足。什么是满足孩子好奇心的东西呢？无疑就是大自然和图书，它们能够带给孩子最美丽的世界和最美丽的心灵。

2011年4月，我们推出了“中国小学生基础阅读书目”，受到广泛的肯定和认同，很多小学生、老师和父母按图索骥去找那些经典童书。同时我们也发现，很多父母和幼儿园老师，对不同年龄段的幼儿该读什么书也越来越关心。所以，在发布“中国小学生基础阅读书目”后不久，新阅读研究所就开始组织专家团队进行“中国幼儿基础阅读书目”的研制。参加研制的主要专家有朱寅年、樊青芳、李一凡、李一慢、林丹、刘殿波、刘纳新、绿茶、苏清华、孙莉莉、王甘、吴洪珺、阎娜、杨忠、杨子湘、张守礼、朱正欧等。经过一年的努力，项目组终于拿出了这份苦心研制、修改过无数次的书目，希望它能够为孩子们心灵成长提供一张基础的“阅读地图”。

中国人民大学出版社
2014年9月版

父母是孩子的第一任老师，推动世界的手就是摇摇篮的手。我不止一次说过，现在的父母大部分是“无照上岗”，这与没有经过驾驶训练的司机匆匆上路没有多大区别，而且危险性更大，因为儿童的早期教育，是决定人的一生发展的关键。让父母重视幼儿的精神成长，让父母意识到幼儿阅读的重要性，让父母学会怎样给孩子选书、读书，这是目前阅读推广中的一个重要方面，也是我们这张“阅读地图”的基本用意。

好的幼儿阅读书目，对孩子们阅读兴趣的培养，以及全面而合理的阅读结构的形成，具有重要的指导意义。儿童只有在早期接触到那些最美好的童书，才能够真正热爱阅读。对那些不发达地区的幼儿来说，给他们一套数量有限但营养结构全面的图书，也是保障阅读基本公平与进行教育公益救助的需要。

我们希望这个书目所选择的书籍，能够让中国幼儿在阅读中获得全面的精神营养，心智得到健全的发展，并享受到阅读的快乐。这个书目是一个最基本的阅读基础，一个小小的阶梯。在这个基础上，让孩子们能够阅读更多的图书，看到一个更大的世界。

每个孩子都是失去翅膀、落入凡间的天使。阅读，将让书籍成为心灵的双翼，让孩子重新变成我们身边真正的天使。我们深信，一张张书页就是一双双翅膀，通过阅读，每个孩子都能成为飞翔的小天使！

67 中国人阅读书目（二）

——中国小学生基础阅读书目·导赏手册

本书是新阅读研究所“中国小学生基础阅读书目”项目成果之一，由我和王林先生担任主编。本书采取“30加70”的方式选书，即将30本基础阅读书和70本推荐阅读书介绍给广大小学生及其父母、老师，分别按小学生低年级、中年级和高年级三个年龄段推荐，每个年龄段10本基础书、20本左右的推荐书，旨在为其提供一份科学、权威、公正、独立的阅读书单。主要内容包括书目研制报告、100本书的书目表、每本书的出版信息（封面、内容和作者简介）、专家导读、延伸阅读等。

小学生基础书目研制的团队主要有王林、朱寅年、窦桂梅、胡志远、李一慢、李东华、李怀远、柳漾、王泉根、王蕾、吴岩、杨鹏、岳坤等，并且聘请了100余位专家作为咨询顾问。在研制过程中，我们团队经过反复讨论，形成了比较一致的研制工作必须遵守的基本理念。这些理念是我们在选择书目、审查内容、确定重点时必须首先考虑的问题。具体来说，我们的研制理念主要有以下几点：

第一是关注作品所体现的核心价值观。从“真”“善”

"美"的人类基本价值出发，通过人与自我、人与家庭、人与社会、人与国家、人与自然、人与世界、人与历史、人与未来这八大关系，寻找合适的书籍，培养学生的人生观、家庭观、群己观、国族观、自然观、国际观、历史观和宗教观。

尊重孩子的兴趣，也强调书目的引导性。我们认为，只有充分尊重孩子的兴趣，才能让孩子自主阅读，才能让孩子被图书本身所吸引，才能引导孩子真正热爱读书。但如果完全以孩子的兴趣为转移，则可能导致读书的随意性，导致阅读的"偏食"，导致孩子鉴赏能力和阅读品味的降低，对那些单纯取悦和讨好他们的作品失去判断力。所以，我们一方面通过大量问卷调查了解孩子的阅读兴趣，通过在学校试读发现孩子的阅读倾向，另一方面坚持从价值观出发，从图书内容的结构和覆盖面出发，从孩子最需要的"美好的东西"出发，引导孩子阅读那些真正有价值的好书。

尊重市场的选择，也强调作品的经典性。在研制小学生基础书目的过程中，我们形成了"看市场但不唯市场"的共识。对于市场认可的一些超级畅销书，我们审慎地加以选择。

关注作品的趣味性，也关注作品中的形而上思考。我们在选择基础书目的时候，尽可能考虑那些描写当下儿童的现实生活，对其没有距离感的图书。但同时，我们也希望孩子们能够在有一些距离的地方眺望自己，不仅能够与书本上面的人物同悲共喜，而且能够在合上书本以后有一些形而上的思考。

第五是突显本民族的文化传统，但也强调孩子作为未来世界公民所具有的现代观念。我们特别重视那些几千年来一直滋润着我们民族心灵的经典读物，强调本土作家的原创作品，同时对一些世界儿童文学史中绕不开的经典作品，如《安徒生童话》《长袜子皮皮》，我们也大胆选入，因为我们相信，这些作品也是世界儿童所共同拥有的精神财富。

第六是强调共读共写共同生活，但也尊重孩子自由自主的选择。我们希望推荐的书目能够成为小学生班级共读的图书，在共同的阅读中形成共同的语言和“密码”。我们也希望这些书目成为小学生与教师和父母共同阅读的文本。我们认为，书目只是提供孩子们阅读的基本依据，孩子们能够驶向更广阔的阅读海洋。我们希望在共同阅读的基础之上，每一个孩子能够形成自己独特的阅读兴趣与阅读领域。

中国人民大学出版社
2014年9月版

第七要关注小学阶段的年龄特点，也考虑与学前、初中阶段的阅读衔接。小学生基础书目的研制，首先关注的当然是小学阶段特有的一些问题。

研制组在推荐书目的时候确定了如下基本原则：

第一，凡由国家批准的正式出版机构出版的中文简体作品均可进行推荐。

第二，按小学低（一、二年级）、中（三、四年级）、高（五、六年级）三个学段推荐，每个学段推荐基础阅读书目10本，最后形成30本小学生基础阅读书目。另外推荐70本的阅读书目，供小学生选择阅读。

第三，推荐时对题材、体裁、国别、出版时间、出版社等均不做限制。但最终呈现的书目应当综合考虑图画书与文字书、中外、文学与科普、题材与体裁、经典与流行等要素。同时，对于三年内出版的原创图书一般暂不推荐，待经时间考验以后再行收录。

第四，推荐围绕“核心价值观”展开，最终的30本书目应基本囊括小学生核心价值的主要内容。所以，相同题材、主题的作品，一般选择代表性的一种。

第五，在30本书目中，同一作家一般只选择一本代表作品。在70本推荐书目中可以适当放开，考虑套书和系列。套书或丛书列入基础书目的，只从其中选出一本。

第六，对于有多种译本的经典作品，选择译文质量较高的译本。

第七，对于同一个作品的不同版本，综合考虑图书价格、装帧质量、插图水平等因素，选择性价比最合理的图书。

第八，坚持研制的开放性，如果发现更好的作品，或者更好的版本，及时更换，确保书目的先进性。

如果从“新世纪教育文库”的小学生书目开始算起，这是一个经历了前后达15年之久的持续研制过程，数十次修订完善。书目发布以后也得到了社会的广泛好评。北京大学曹文轩教授认为，这是“最具价值的小学生书目”。

68　中国人阅读书目（三）

——中国初中生基础阅读书目·导赏手册

本书是新阅读研究所“中国初中生基础阅读书目”项目成果之一。本书采取“30加70”的方式选书，即30本基础阅读书加70本推荐阅读书的方式将书介绍给广大初中生及父母、老师，旨在为初中生提供一份科学、权威、公正、独立的阅读书单。主要内容包括书目研制报告、100本书的书目表、每本书的出版信息（封面、内容和作者简介）、专家导读、延伸阅读等。

这份书目的研制，是在20世纪90年代我主持的“新世纪教育文库”中学生书目的基础之上，从2011年9月份重新启动，前后经历整整三年时间，中间数易其稿，经过了22次修改，最终形成的书目。在初中生书目研制的过程中，坚持了如下基本理念：

一是弘扬人类美好的理想追求，树立正确的价值观。选择的书籍应该体现人类美好理想与执着探索的精神，具有求真、向善、崇美的取向。

二是兼顾古今中外的好书。在充分突出关注本国文化的基础上，也同样关注异国文化，特别注意选择我们本土的，能够影响我们的孩子有中国心的书籍。在30本基础阅读书目中，同

中国人民大学出版社
2014年9月版

一个国家的作品只选择一本代表作。在70本推荐阅读书目中可以适当放开，但也要兼顾作者的数量。

三是兼顾书籍的经典性和时代性。

四是兼顾初中学生的认知水平、思维能力和阅读兴趣。

五是以书目为本，兼顾相关的读物，让阅读生长为一棵大树。在推荐导读中不仅介绍书目中的书籍，同时本着由此及彼的原则，我们又向学生推荐与此相关的其他内容，让学生了解延伸的内容。

六是参考新阅读研究所研制的其他书目，注重图书选择的层级衔接性。小学阶段已经选过的图书，初中阶段就不再重复推荐。

七是对同一个作品的不同版本，综合考虑版本的装帧、插图、图书价格等多种因素，选择性价比高且口碑好的出版社的版本。

八是翻译作品考虑译文质量，有多个译本的经典作品，选择译文质量较高的版本。

九是在选择版本时，保持推荐的公正性和独立性，在推荐过程中不受到任何商业机构的影响。

李希贵、闫存林、朱寅年、程翔、丁亚平、贺千红、孔庆东、兰玲、雷其坤、廖丽娜、刘元军、沈静、孙京、汪春燕、王春易、魏勇、星河、张少鹤、张升、赵继红以及北京十一学校的相关课题组成员为这本书的编辑出版和书目的研制付出了艰苦的劳动。

69 中国人阅读书目（四）

——中国高中生基础阅读书目·导赏手册

中国人民大学出版社
2014年9月版

本书是新阅读研究所“中国高中生基础阅读书目”项目成果之一。本书采取“30加70”的方式选书，即将30本基础阅读书加70本推荐阅读书介绍给广大高中生及父母、老师，旨在为高中生提供一份科学、权威、公正、独立的阅读书单。主要内容包括书目研制报告、100本书的书目表、每本书的出版信息（封面、内容和作者简介）、专家导读、延伸阅读等。

书目的研制是在20世纪90年代我主持的“新世纪教育文库”中学生书目的基础之上，从2011年9月份重新启动，前后经历整整三年时间，中间数易其稿，经过了22次修改形成的。

考虑到书目之间的联系与衔接，高中生书目的研制与初中生书目研制的过程同步进行，研制的基本理念与初中生书目相同。本书由我和北京十一学校李希贵校长担任主编，闫存林、朱寅年担任副主编，程翔、丁亚平、贺千红、孔庆东、兰玲、雷其坤、廖丽娜、刘元军、沈静、孙京、汪春燕、王春易、魏勇、星河、张少鹤、张升、赵继红等参加了研制。李希贵和闫存林为本书撰写了题为《读书是为了遇见更好的自己》的序言。

70 他们都在看
——中国企业家基础阅读书目·导赏手册

资本全球化时代，随着企业家群体的财富不断积累，地位不断提升，拥有的资源不断增多，社会辐射影响力不断增强，企业家群体在国民经济发展与社会主流价值主导上的作用愈加凸显。在财富对社会的影响日益重要的今天，企业家群体不仅主导着国民经济的发展，还在当今社会主流价值塑造与引导方面，扮演着举足轻重的角色。所以，企业家读什么书，推荐什么书，不仅对企业家自身的成长有重要意义，也对企业的员工和全社会产生重要影响。

许多企业家已经清醒地意识到阅读对于他们成长的意义，对于企业发展的价值。在繁忙的管理工作之余，他们总是希望通过阅读来充实自己，但是随之而来的一个困惑就是他们找不到适合自己的图书。跟着时髦的流行图书走，总觉得太浅薄而浮躁。每年数十万种名目繁多的图书，带给企业家的只能是“望洋兴叹”，不知所措。

可见，选择一份相对客观、专业和权威的基础阅读书目推荐给企业家，让其有一个基本的阅读“地图”，将有助于企业家在茫茫书海中找到能有所启迪的书，从而开展有效阅读，提高阅读收益，促进其精神的成长，营造一个健康向上的社会主流价值观。

为了推动“基础阅读书目”的研制，我们在2010年成立了新阅读研究所，准备用三到五年的时间研制出一套“中国人基础阅读书目”。这是为我们的民族和国家构建共同价值和共同精神家园必须做的基础工作。

《中国企业家基础阅读书目》是这一“基础阅读书目”系列的重要组成部分。我们期待通过我们的努力，为企业家提供一个较为全面的阅读参考，无论是在企业管理方面（外王），还是个人能力与素质的提升方面（内圣）。我们也坚信，企业家们能从这个书目中找到自己值得认真阅读甚至伴随自己一生的好书。

这是一份历时三年，数易其稿，精心打磨的书目，旨在为企业家提供一份科学、权威、公正、独立的阅读书单。该书单汇集了社会各界、各专业领域有精深造诣的专家的意见和建议，强调书目的客观性、权威性、公益性及实用性。我们以“提高阅读收益，分享管理智慧”为出发点，提出了如下研制理念：第一，树立正确价值导向，弘扬企业家精神。第二，理论与实务并重。第三，经典作品优先，也尊重市场选择。第四，拥有全球意识，同时关注中国文化传统。第五，关注作品的时效性与可读性。考虑到企业家知识结构及专业背景的差异性，我们的书目力求全面，兼顾企业家需要阅读的各类书籍。同时，考虑到企业家阅读时间的紧张，我们原则上不推荐学术性

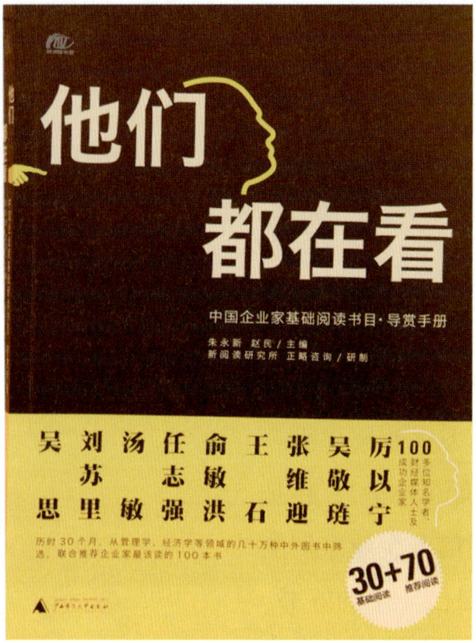

广西师范大学出版社
2014年2月版

太强、篇幅较长、晦涩难懂的书。第六，充分考虑其他书目情况，不重复收录图书。

《中国企业家基础阅读书目》的研制是一项繁杂的系统工程。整个项目分为以下几个阶段，各阶段完成任务如下：第一阶段，做调研、找专家、定框架、内部试读。第二阶段，专家访谈与试读、简报制作与发送、研制方案讨论与完善。第三阶段，网络投票、专家论证、导赏编写、书目发布。

书目研制工作得到了正略咨询顾问公司的大力支持，张大志、张锦娴、赵会琴、朱艳艳、朱寅年等参与研制工作。按照研制计划，我们还会广泛征集企业家和全社会的意见，同时持续关注最新的管理、财经类的新书动态，研究企业家阅读的最新状况，每两三年重新修订一次书目，对部分书籍进行适当的调整。

我们希望，这份书目能够对中国企业家的阅读起到积极的引导作用。我们更期待，有更多的中国企业家们，能够成为全民阅读的典范，推广阅读的先锋。

71 新教育文库

“新教育文库”最初是为了记录新教育人的理论研究与实践探索成果而编辑的大型系列著作。

“我的教育故事”是文库的第一个系列，分别由我的《走在教育的路上》，焦晓俊、张菊荣的《发生在教育在线的故事》，苏静的《麻辣学生酷老师》，陈晓华的《守望高三的日子》和管建刚的《魔法作文营》组成。这是一套“教育叙事研究”，是新教育人以独特的视角记录自己的教育教学过程，叙述自己的教育故事。“我的教育随笔”是文库的第二个系列，由《教育有梦》《教育有道》《教育有乐》《教育有悟》和《教育有悔》五部教育随笔集组成，收录了新教育学校与教育在线网友的教育随笔。“我的教育实验”是文库的第三个系列，主要是总结了新教育实验的阶段性研究成果，如章敬平的《新希望工程——媒体眼中的新教育》、我主编的《与理想同行——新教育实验指导手册》、周建华主编的《行动与收获——昆山玉峰实验学校新教育实验纪实》、卜延中等主编的《与崇高对话——新教育实验与书香校园建设》等。

理想课堂的三重境界
新教育实验
New Education in China
构筑合宜的大脑
手心里的光
在农历的天空下

新教育文库·我的教育实验
朱永新◎丛书主编
与崇高对话
"新教育实验"与书香校园建设
福建教育出版社

新教育文库·我的教育实验
朱永新◎丛书主编
新希望工程
媒体眼中的"新教育实验"
education
福建教育出版社

新教育文库
朱永新◎丛书主编
不做>>>教书匠
管建刚◎著
福建教育出版社

2014年，新教育研究院决定重新修订完善“新教育文库”，并且由著名儿童文学作家童喜喜担任出版统筹。我们认为，新教育不求无懈可击的理论体系，而是强调行动起来，在实践中思考，在实践中提升，在实践中成长，帮孩子成为自己，让我们成为自己，一个完整的幸福的自己。我们不是人类文明的创始者，但人类文明可以通过教育的伟大理想穿越时空，通过我们今天的行动变为现实。

当然，我们也知道，只有对新教育的认识从“概念”向“信念”推进，由“理想”转向“思想”引领，激发出人们深沉的情感、执著的意志，从精神世界的积淀表现为主动的自觉行动时，新教育实验才可能真正成为人生力量和教育智慧的策源地。

“新教育文库”正是总结、梳理、传播新教育人的所行所思所得的一种努力。无论是经验还是教训，这一路跋涉的足迹，将成为指向明天的路标。在这套新的文库中，我们设计了一些新的书系。其中不同的书系有着不同定位：我们希望用“通识书系”积淀下新教育的根本书籍，其中有我的《新教育年度主报告》（湖北教育出版社）、《我的教育理想》（漓江出版社）、《新教育》（漓江出版社），郭明晓的《我是大西洋来的飓风》，常丽华的《在农历的天空下》等；用“蒲公英书系”及时总结一线教育经验，如吴樱花的《孩子，我看着你长大》等；用“萤火虫书系”全力搭建家、校沟通的平台，如童喜喜的《喜阅读出好孩子》、蓝玫的《家校之间有个娃》，我的《大师教你做父母1——对话叶圣陶》《大师教你做父母2——对话陶行知》《大师教你做父母3——对话苏霍姆林斯基之一》等；另外，我们准备用“操作手册书系”来介绍新教育的课程与项目（湖北教育出版社陆续出版），用“领读者书系”邀约国内著名阅读学专家和阅读推广人撰写著作，传播阅读专家的智慧（福建教育出版社陆续出版），用“阅读课书系”汇聚一线阅读推广人的经验，总结一线教师与阅读推广人的成功做法（福建教育出版社陆续出版），用“阅读力译丛”和“核心知识译丛”来介绍国外阅读理论与实践（接力出版社和福建教育出版社陆续出版），用“榜样教师”系列来介绍郭明晓、顾舟群、侯长缨等新教育榜样教师的故事（教育科学出版社陆续出版）。我们并不准备用一部部书籍堆砌功名的城堡，但我们盼望这一部部心血凝成、行动书写的图书，能够成为一块块砖石，铺就一条通往彼岸的桥梁。

那么，新教育的彼岸是什么模样？

我想，彼岸是一群又一群长大的孩子，从他们身上能清晰地看到：政治是有理想的，财富是有汗水的，科学是有人性的，享乐是有道德的。

这套“新教育文库”是一个开放的系统，今后可能会与更多的出版社合作，不断积累新教育的探索成果，与大家分享、研讨、交流、对话。

72 教师最喜欢的教育名言

常言说：听君一席话，胜读十年书。其实，关键时刻，一句话就可以让我们醍醐灌顶，受益终生。

我们都有过这样的体验：无论读书的时候，或是聆听别人的讲演、谈话的时候，经常会被一句话感动。

这句话，有时像炎炎盛夏里的一阵凉风，让身心舒畅起来，有时像一道闪电划破黑色的夜空，让世界明亮起来。

这句话，往往就是我们自己苦苦思索而未得的话。因此，当它突然出现时，不仅富于智慧，而且更觉亲切，让我们不仅喜闻其言，更让我们乐意如此行动。所以，当源创教育的吴法源兄让我选编一本教育名言集的时候，我不假思索就答应了。个人的眼光，视野，经历都有所局限，所以我决定利用现代媒体的力量，汲取大家的智慧一起来选。

2011年10月10日，我在腾讯微博、新浪微博、人民网微博和教育在线网站等媒体发出了征集“教师最喜爱的教育名言”的启事：“古今中外，关于教育有许多‘名言’，它们或深刻、或隽永、或朴素、或优美，无不散发出智慧的光芒。让你记忆最深刻、最能打动你的是哪一条呢？”

这个活动得到了教师们的热烈响应。许多老师通过微博、网站和邮箱，为我们提供了他们最喜欢的教育名言。

遗憾的是，虽然参与者众，但重复的多，无论数量还是质量，都远远没有达到我的要求。我想，这恰恰也说明选编这本书的价值。于是整个元旦和春节假期，我调动了自己的平日积

福建教育出版社
2013年8月版

累，查阅了尽可能多的资料，亲自增补完善了一半以上的内容，完成了这本小书。

这本书在选择和编排中，尽可能把握了这样几条原则：

第一，内容为王，不一定选名家，但一定选名言，以打动人为前提。本书里的一些名言出自优秀的普通老师，他们与大家名家还有不少距离，但这些感悟本身非常精彩，对一线老师也特别有用。

第二，除孔子、苏霍姆林斯基等公认的大家与《学记》等少数名篇外，同一作者只选最具影响的名言，尽可能让教师欣赏到更加多样与多元的智者之声。

第三，编排时，不刻意按照学科体系，而是从学校生活的维度，把内容大致分为教育、学校、教师、德育、教学、艺体、阅读、家教等，便于查阅。阅读时，既可根据工作需要查阅，也可以采取“风吹哪页读哪条”的办法，随意阅读。

名言如星，以智慧之光为人引路。教师如星，以生命之光孜孜育人。亲爱的朋友，让我们一起走近这些教育名言，用这些星光不断照亮自己的教育之旅吧。当我们用这些语言不断擦亮自己的行动，执着前行活出美好，我们普通的生命，也会在教育的星空中闪耀！

73 陶行知教育箴言

这本书也是应吴法源先生之邀撰写的。他对我说，外国评论家曾经认为，陶行知和毛泽东是中国现代史上最有影响力的两位教育家，陶行知的许多教育名言，如“捧着一颗心来，不带半根草走”“千教万教教人求真，千学万学学做真人”“先生之最大的快乐，是创造出值得自己崇拜的学生”等，言简意赅、脍炙人口，非常受一线老师的欢迎。

之所以答应法源兄的邀请，一个重要原因，是我心中的“新教育”情结。新教育是发源于欧洲、后来又影响到美国的进步主义教育运动。深受其影响的陶行知先生曾经把他发起的生活教育运动也命名为“新教育”。1919年7月22日，他在浙江第一师范学校发表了著名的讲演，题目就叫《新教育》。他还亲自担任了《新教育》杂志的主编，是中国新教育运动的重要领导人。

另一个重要原因，是受陶行知先生人格魅力的感召。陶行知先生不仅是一位富有理想和激情的教育理论家，更是一位富有创造性的行动家。我曾经听过陶行知的学生、民进的前辈方明老先生讲他的故事，每一次都热血沸腾、热泪盈眶。其实，我们2000年开始的“新教育实验”，在一定程度上是延续了陶行知先生等倡导的新教育运动。而我，从内心深处也把陶行知先生作为自己的精神导师。

当然，还有一个重要的原因，那就是我在前年应朱小蔓教授邀请，担任了中国陶行知研究会的副理事长。作为陶行知研究会的一名成员，学陶研陶用陶，是我们的必修功课。这本小书，也算是我交的一份作业。

早在二十多年前，为了撰写《中国教育思想史》，我曾经系统读过陶行知的著作。这次为了选编本书，又用了近半年的时间，通读了四川教育出版社出版的《陶行知全集》。再度走进《陶行知全集》的几个月期间，特别是阅读他与同时代亲友的书信，看到他为了教育事业，筚路蓝缕，呕心沥血，在创办晓庄学校、生活教育社、山海工学团、育才学校和社会大学的过程中，像武训那样到处寻求支持，像宗教徒那样四方传道讲学，钦敬之心屡屡澎湃。人生为一大事来，陶行知先生用生命诠释了这件事：新教育。而选编本书的过程，也正是接受先生教育的过程。

福建教育出版社
2014年2月版

本书共八个部分，选出名言300余条，分别收录了陶行知先生关于教育哲学、生活教育、创造教育、校长、教师、学校管理、农村教育和家庭教育等方面的思想。本书所选箴言，全部出自方明主编、四川教育出版社2005年版的《陶行知全集》。为便于读者查找，每个箴言后都标明了出处。

74 叶圣陶教育箴言

有时候，缘分是一条道路，让人不知不觉间寻幽探胜，发现别样的风景。我这一生与叶圣陶先生的缘分，就是这样。

在苏州时，我家北窗外就是草桥小学。相距不过百米，就是苏州一中。这些叶老曾经工作与生活过的地方，虽然旧房已被更迭为新楼，但每一次凭窗凝望，或每一次经过一中的校门，叶老的面容就在我心中浮现，似乎他与我近在咫尺，仍在那校园里教书。到北京后，我服务的民进中央大楼的大厅中央就矗立着叶老的塑像，曾担任民进中央主席的叶老为民进留下的，是一笔沉甸甸的精神财富。我主持的新教育实验，许多思想更是来源于叶老的教育智慧，后来我开始为广大父母们撰写“新父母晨诵”系列短文，有半年多的时间，一直围绕着叶老的著作进行解读。

所以，当吴法源兄约我编辑一本《叶圣陶教育箴言》时，我非常愉快地应承了。我们正在逐渐步入信息碎片化的时代，思想的传播也随之朝着简短精悍的方向发展。对读者来说，通过阅读箴言的方式，能用最少的时间最大限度地全面了解叶老的教育思想，对我来说，能用适宜的方式将叶老的教育思想重新选编，也是一次温故知新的过程。

作为教育家的叶圣陶先生，在教育上虽然没有大部头的著作，不追求理论体系的构建，但他提出的一些思想和观点，如“教是为了达到不需要教”“教育就是为了培养习惯”“学校教育应当使受教育者一辈子受用”等，以及他对怎样做教师的论述、对语文教育的思考，紧贴教育教学实践，平实而深刻，是中国教育思想的宝贵财富。

福建教育出版社
2013年11月版

在我们的生活中，常常有人发出“听君一席话，胜读十年书”的感叹。的确，琐屑忙碌的生活会逐渐磨灭心灵最初的敏锐。此时，智者之言就是拂去尘埃，“一语惊醒梦中人”的良方。

这本《叶圣陶教育箴言》，是从先生26卷文集中选编出来的，主要选自第11卷至16卷关于教育和语文教学两大内容。囿于眼光和水平，难免会有遗珠之憾，祈望读者诸君指正。

75 教师第一课

2003年，我曾与袁振国、朱小蔓等合作编写过一本《中国教师：专业素质的修炼》，由南京师范大学出版社出版。转眼间已过去十年，因为过了版权期，福建教育出版社再次找到我，希望将该书进行修订、再度出版，成为一本新时代老师的成长手册。遗憾的是，无论是我还是原来的作者，都身兼数职，无法在出版社需要的时间内完成修订任务。

所幸关键时刻有好友高万祥校长临危受命。他领命以后高度重视，组织一班人马进行修订，差不多颠覆了原书的框架，用一年左右的时间修订了该书。

这本书第一章《书写教师的生命传奇》，从教师的人生追求和生命价值的实现这一宏观层面做一总说，讲述了新教育的教师成长论。第二章《站在巨人的肩膀上》，引领大家走近人类一流的伟大教育家。第三章《不可或缺的心理学知识》，从实践和应用的层面讲述了教师必须知道的心理学知识。第四章《教师职业道德的核心是大爱》，提出在物欲横流的中国社会，功利主义大行其道的当下教育，当务之急是呼唤“大爱”的回归。第五章《在教改科研中收获幸福和优秀》，提出专业修炼、职业素养、事业追求，是教师从平凡走向优秀，从优秀走向卓越的三个阶段、三个台阶。而融三者于一体的教改与科研才是一个教师能够超越别人的核心竞争力。第六章《能不能写作是卓越教师和平庸教师的分水岭》，倡导教师一定要学会和善于写作。第七章《口才是教师的第一能力》。第八章《人际交往中的生活智慧》，介绍教师的表达、沟通与人际交往的艺术。第九章《生命教育：建立在敬畏生命的伦理上》，重点阐述生命教育的重要性。

这是一本教师职业入门、职业修炼和职业提升的案头书，提供解决现实生活里种种问题的药方。这本书更是一块小小的垫脚石，希望广大教师同人能够通过这本通俗易懂的小书，领略到阅读的芬芳，向更高远的教育巅峰进发。

福建教育出版社
2013年11月版

76 新教育榜样教师丛书

本丛书是为了记录新教育优秀教师的经验、案例而编写的。由朗朗书房呼延华先生策划并组织出版。

首批包括顾舟群老师的《改变，从习惯开始》和常丽华老师的《教室，在书信中飞翔》、郭明晓老师的《各就各位准备飞》、侯长缨老师的《勇气，在课程中绽放》等书。顾舟群老师用岁月凝聚成的爱结集成书，让每个教育人可以分享她的教育理想、爱、快乐，分享“毛毛虫们”的成长和成绩。两年，四个学期，73封每周一信。一封封每周一信是架在顾老师和家长、孩子们之间心灵沟通的桥梁，让爱和智慧可以迅速地传递、汇聚。

《教室，在书信中飞翔》是常丽华老师2011年11月赴澳大利亚学习期间和学生之间的通信。这是一群刚上三年级不久的学生，竟然通过书信创造了一个独属于他们的课程。每天，常老师把在澳大利亚写下的信及时发到学校文印室，力争孩子们能在第一时间读到。课堂上，代课老师带着孩子们读信、写回信，分享老师的感受，汇报自己的生活，表达对老师的思念。常老师写了十六封信，有对澳大利亚自然风情的介绍，更有对当地教育的介绍。常老师的学生写下的回信，虽然稚嫩，但童趣盎然，更重要的是能从中看到孩子对自然、世界、生命等各种问题的思考。这是小蚂蚁班另一种形式的旅

南海出版公司
教育科学出版社
2012年至2014年版

行课程。

《各就各位准备飞》一书，收录了郭明晓老师写给三、四年级学生父母的78封信。通过这些信，可以看到师生是怎样走过小学的这段重要的旅程，怎样从容完成从浪漫阶段到未来不确定阶段的过渡，从而让孩子的生命和心灵日渐丰盈润泽的。书中还收录了郭老师2012年的年度叙事。

《勇气，在课程中绽放》讲述的是侯长缨老师和她的74个孩子组成的毛虫班一路披荆斩棘、执着前行，穿越了一段令人难忘的《人鸦》童话剧旅程的故事。

我在题为《让每个生命在教室的原野里绽放》的序言中说："教室，是教师与学生共同筑造的王国，是生命扎根的广袤土地，是故事演绎的辽阔舞台，是传奇书写的多彩画卷，是一个个平凡而闪亮的日子的叠加，是一组组精彩而从容的课程的穿越。从榜样教师身上读到的，不只有欣喜，不只有幸福，不只有成就感的充实与满足，还有着真切的劳累，真实的怀疑，单调机械的重复，形式主义的束缚，甚至还有考试压力与无数造假工程带来的厌倦与动摇。"

时光不会辜负脚步，成长永远需要榜样。也希望有更多的新教育老师的著作出现在这套丛书中。

77 人力资源管理心理学

本书是国家立项的“十一五”高等学校心理学专业人力资源管理心理学课程教材，也是国内较早的专门研究人力资源管理与开发活动中人的心理活动和行为规律，并致力于将心理学的研究成果和理论应用于人力资源管理实践的专著。本书首次尝试以中国古代人力资源思想为基础建构人力资源管理心理学体系，力求准确阐述人力资源管理心理学的基本概念、基本理论，真实反映了人力资源管理实践中的主要问题、热点问题。在结构上以人员激励心理、人员招聘心理、人员培训心理、绩效管理与考评心理、薪酬管理心理、职业生涯管理心理为主要内容。

这本书最早是受黄希庭先生邀请撰写的。2002年，我接到了中国心理学会副会长、中国心理学会心理学教学工作委员会主任、著名心理学家、西南大学心理学院博士生导师黄希庭教授的邀请，参加由他任总主编的全国应用心理学专业系列教材编委会，并由我负责编写《人力资源管理心理学》这本教材。接到任务以后，我邀请我的博士生邵爱国担任副主编，组

华东师范大学出版社
2003年1月版

华东师范大学出版社
2006年8月版

人民教育出版社
2011年1月版

建了编写组。参加本书编写和修订的人员除了我和邵爱国外，还有林凌敏、韦洪涛、杨再勇、李锐、闫国君、刘京、庄丽丹、陶新华、徐进、何源、刘润刚等，他们大部分是苏州大学与苏州科技学院的老师，还有我的博士生、硕士生。该书于2003年由华东师范大学出版社首次出版。

该书出版以后得到广泛好评，被许多高校和人力资源管理部门选为教材，并且被教育部立项成为国家“十一五”重点教材。2011年人民教育出版社出版的其实是第二版，当然也是在大规模修订和完善的基础上再版的。本书在研究与编写过程中，受到了联合国社会性别主题工作组、联合国妇女发展基金会、中国就业促进会的资助和指导。

78 学习，让城市更精彩

——苏州创建学习型城市纪实

这是一本以苏州为样本，阐述学习型城市的理论和实践的著作，也是我参加顾明远先生主持的教育部重大课题招标项目《学习型社会的理论与实践》的最终研究成果。

2008年，教育部重大课题招标，顾明远先生的团队与我的团队“狭路相逢”。最后，北京师范大学的石中英教授代表顾老师的团队，时任苏州大学教授的郭强先生代表我的团队进行答辩，达成了合作研究的协议。

之所以研究学习型城市，之所以选择苏州作为研究对象，主要出于“公”“私”两方面的原因：首先从“公”的角度看，自古以来，苏州以崇文、重教、善学闻名遐迩。因而，以苏州为样本，研究学习型城市建设，自然是最合适不过的。正是苏州独特而厚重的文化，才使得学习型城市建设具备了其他城市无可比拟的优势。其次从“私”的角度说，苏州作为我的第二故乡，我对苏州怀有深厚的感情。我曾经作为这个城市的管理者和服务生，见证着她的成长。无论是从中国文化的宁静后院到经济发展的前台，还是从乡镇企业的发展到对外开放的领跑，我为自己能参与其中的一些工作并且贡献一点心力而自豪。

本书围绕文化苏州、创新苏州、开放苏州与学习型城市建设的关系，总结了苏州在学习型城市建设方面的一些好的经验与做法，阐述了学习型城市建设的内在机制、理论主张和实践路径，重点对苏州的内在文化精神进行了深入的挖掘，以期读者对苏州文化和苏州学习型城市的建设有一个全景式的印象。同时，还借鉴了其他城市在学习型城市建设中的一些成果。

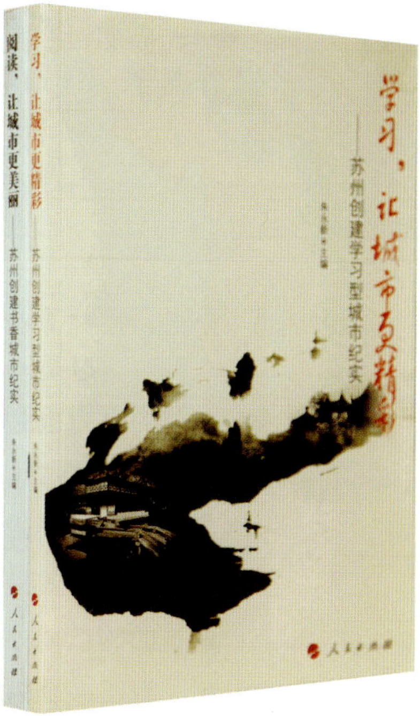

人民出版社
2011年4月版

在本书撰写过程中，除了郭强教授外，苏州市委宣传部的刘伯高博士做了大量具体工作。特别是他联系苏州各县区的宣传部门征集案例，撰写文稿，并且协助我完成统稿。没有他的参与，不仅这个项目难以顺利结项，本书也难以顺利完成。

本书的出版，得到了许多领导和朋友的大力支持。国家新闻出版总署署长柳斌杰和原江苏省委常委、苏州市委书记蒋宏坤为本书专门撰写了序言，顾明远先生提出了很多指导性的意见，原苏州市委宣传部徐国强部长、缪学为副部长提供了大量翔实的资料。同时，人民出版社辛广伟总编辑、李春生副社长，北京师范大学教育学部部长石中英教授，上海大学郭强教授以及我的博士生邵爱国等也为本书提供了很多支持。

79 阅读，让城市更美丽

——苏州创建书香城市纪实

这是一本专门论述阅读的书，是一本阐述阅读与城市关系的书，也是《学习，让城市更精彩——苏州创建学习型城市纪实》的姊妹篇。

关于阅读，我曾经提出过五个主要的观点：一个人的精神发育史就是他的阅读史；一个民族的精神境界取决于这个民族的阅读水平；一个没有阅读的学校永远也不可能有真正的教育；一个书香充盈的城市才能成为真正的家园；共读共写共同生活才能拥有共同语言、共同价值观、共同愿景。该书主要是围绕新教育的阅读观，就“阅读与城市”这个主题，分别就阅读的本质、阅读的内容、阅读的形态、阅读的价值、阅读与城市、阅读节、阅读与政府、阅读与图书馆、阅读与家庭、阅读与学校、阅读与企业、阅读与社区、阅读与农村、阅读与其他社会组织等问题进行了全面而深入的论述。

苏州大学的卢锋博士、杨再勇博士，以及苏州市委宣传部的刘伯高先生等参与了本书的撰写。

人民出版社
2011年4月版

80 新中国60年教育历程回顾与前瞻丛书

六十年，是天干地支轮转一周的时间。

从1949年到2009年，中国由积弱积贫走向繁荣富强，实现了从半殖民地半封建社会到人民当家做主的历史性转变，新民主主义革命到社会主义革命与建设的历史性转变，高度集中的计划经济体制到充满活力的社会主义市场经济体制的历史性转变，半封闭全封闭到全方位开放的历史性转变。中国教育作为中国社会生活的重要组成部分，随着整个社会政治、经济、文化的发展与变化，也发生了天翻地覆的变革。同时，中国教育也为国家的强盛和民族的繁荣做出了重要的贡献。

回顾中国教育走过的历程，有许多值得我们珍惜的宝贵财富，也有一些值得我们警醒的经验教训。系统地反思与回顾中国当代教育发展的历程，对于我们认识当代教育思想的嬗变，了解各种教育思潮的现实背景，从宏观上把握当代中国教育的特质，是很有意义的。这也是编写“新中国60年教育历程回顾与前瞻丛书”的主要目的。

为此，我邀约杨东平等专家共同撰写了这套丛书。包括杨东平主编的《新中国教育人物》、张荣伟的《新中国教育实验改革》、程方平的《新中国教育调查回顾》、肖川主编的《新中国基础教育典型学校》、霍力岩主编的《影响新中国教育的外国教育家》。另外一本何小忠的《新中国教育话语变迁》最后未能如期完成。这套丛书也是中国民主促进会的一部分教育界的会员，献给新中国60年庆典的一份礼物。策划编辑张纪欣先生是民进天津市委会出版委员会的副主任，霍力岩、程方平是民进中央教育委员会的委员，著名学者肖川是民进北京师范大学委员会的教授。杨东平先生和我的学生张荣伟博士、何小忠博士也都是民进之友，东平兄曾经多次参加民进中央教育委员会的参政议政调研和会议。以上诸君都是造诣精深的学者，都有着繁重的教学与科研任务，也都有着自己的写作计划。承蒙他们的信任，拨冗参与撰稿，并且推我牵头召集这套丛书的编写工作。这套书从2009年2月启动，前后只有一年左右的时间，但是他们凭着对于教育事业发展的满腔热情和对于国家民

天津教育出版社
2010年4月版

族强盛的殷切希望，凭着自己深厚的积累，最后都如期完成了这个光荣而艰巨的任务。我为我们民进会员的敬业精神而感动。

我为这套丛书撰写了一万余字的长篇序言，总结了新中国60年教育取得的辉煌成就，分析了60年教育存在的主要问题，研究了新中国60年教育的主要经验教训，并且对中国教育未来发展提出了六点建议：优先发展教育，建设人力资源强国；重新认识教育的本质，回到教育原点；进一步落实科学发展观，大力推进教育公平；全面推进素质教育，培养德智体美劳全面发展的社会主义合格公民；加强教师队伍建设；把社会主义核心价值体系融入教育生活之中。

81 教育的奇迹

——十八个让人刻骨铭心的教育故事

这是一本写了六年的书。2002年，我在给研究生上课的时候，布置了这份作业。我想用这本书说明新教育实验的一个基本理念：无限相信教师与学生的潜力。因为还有许多重要的事情要做，尤其在实验的初期，几乎我所有的业余时间都在全国各地推广新教育，他们完成以后，我一直没有时间及时认真修改，于是交给了许士荣先生，请他代为润色。士荣做了许多工作，然后交付上海教育出版社，一搁就是好几年。

这本书的故事都是曾经让我刻骨铭心、感动良久的故事，包括聋女周婷婷、弱智指挥家舟舟、脑瘫儿荣博、九岁大学生卡尔・威特、盲人海伦・凯勒、名师孙维刚、刘京海、李圣珍、爱迪生、霍金、张海迪、乙武洋匡、西南联大等人与机构。其中也有我亲身经历的故事。如书中的主人翁之一苏静是我的硕士生，如果我们不听苏静老师的课，你很难相信一个刚刚教了两年书的老师，她班上所有的孩子都能写诗。事实上每一个孩子都能够写诗，只不过你不是苏静，只不过是你没有苏静那样的信念——每个孩子本质上都是诗人。苏静不仅在自己的学校和班级做到了，在全国许多学校，她都进行过这样的尝试。因此，千万不要对自己说不可能，凡事皆有可能；也千万不要对孩子说“不”，人人都能成功。

其实，最好的教育是不教之教，是帮助每一个人认识他自己，成为他自己。在人生的旅途中，最后成就人生的人只能是自己，因为只有自己才是命运的主人。所以，我们特别选择了一些差不多被别人判为“死刑”的人物，如爱迪生、张海迪、乙武洋匡等人的故事。他们都没有屈服于命运的安排，把曲折作为上苍对于自己的磨难与考验，相信自己同样能够做出精彩的业绩，写出辉煌的人生。他们做到了。乙武洋匡说：“决不服输，因为无手无脚。”这就是他们的精神写照。

这本书的主要撰稿人基本上是我的研究生。同时收录了两篇从《中国教育报》和《城市商报》节选的文章。

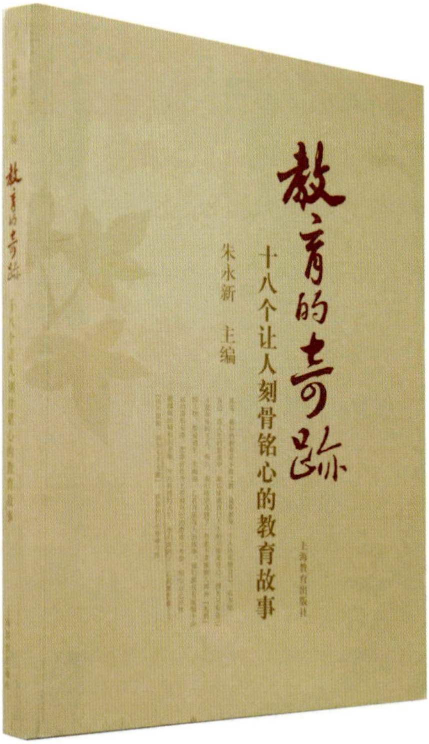

上海教育出版社
2009年8月版

82 科学发展观与中国教育改革

这是一本以科学发展观为理论指引，阐述中国教育改革和发展的专著，也是国内第一本全面论述科学发展观与中国教育改革的论著。

2003年10月，中国共产党十六届三中全会提出科学发展观以后，我与苏州大学教育哲学方向的博士研究生感觉到，这对于纠正中国教育重效率轻公平的倾向具有重要意义，对于中国教育改革具有重要的指导作用。于是我们每两周与学生举行一次的学术沙龙，围绕“科学发展观与中国教育改革”进行了为期近两个月的专题讨论。这本书，就是讨论的成果之一。

全书先后论述了科学发展观的理论内涵和教育启示，以科学发展观审视中国教育的发展历程和现状，用科学发展观追寻教育的人本真义、统领区域教育协调发展、统筹城乡教育发展、化解弱势群体教育困境，以及拓展教育、文化与社会的全面进步，催动人与自然和谐发展，凸显教育全球化与本土化的辩证驱动，导引中国教育的今天和明天等，围绕中国教育改革的诸多突出问题，如教育内部结构不合理、区域发展不平衡、

福建教育出版社
2005年1月版

福建教育出版社
2009年3月修订版

城乡发展不平衡、社会群体发展不平衡、文理学科发展不平衡、重成才轻成人等展开了深入的研究，在此基础上，着重探讨科学发展观与中国教育改革在认识上和方法上的逻辑一致性，详细分析了如何以科学发展观为指导，办好人民满意、社会认可的教育的各种途径和对策。

本书由我拟定写作大纲，负责审稿定稿，并撰写了代序《全面贯彻落实科学发展观，努力办好人民满意的教育》。我的博士生团队何小忠、张荣伟、赵振杰、李艳、赵一强、田芬、王伟群、王明洲、史晓白，以及硕士生苏静、王芳等参与了本书各章节的撰写。本书在出版过程中，得到了福建教育出版社黄旭社长和北京八本坊林冠珍编辑、周青丰老师的大力支持。

83 大夏书系·教育在线丛书

2002年6月26日，我在刚刚开通的教育在线网站上写下了这样一段文字：

网络是年轻人的世界，而已经不再年轻的我，为了感受年轻，更是为了使自己拥有一颗年轻的心，还是挡不住走进网络的诱惑。按捺不住的兴奋、对未来发展的希冀以及忐忑不安的彷徨交织于心中。我期盼教育在线这一平台能凝聚当代中国的教育才俊，为中华民族的伟大复兴，为中国教育的健康发展，献一份绵薄之力。

我理想的网络是平等的空间。没有话语的霸权，没有繁琐的俗套，只有真情的流露与思想的碰撞。我理想的网络是学术的净土。严肃但不失幽默，通俗但绝不恶俗。网络的生存和发展同样需要道德与法制的约束。我理想的网络是温馨的家园，每一位会员与访客、每一位版主与嘉宾，都是这个家庭里愉快的成员。这里没有家长，人人都是别人的服务生并且永远乐此不疲。我理想的网络是教育家的摇篮。在这里，智慧在研讨中充盈，理想在争论中升华。关注教育，关爱你周围的每个师生，捧一颗真心来交流，带满腔热情再努力。我理想的网络是互动的媒体。守一寓草舍，做天下文章。我们有《教师博览》《新教育》《人民政协报》《教师之友》《教育纵横》《教育参考》等报刊媒体倾情加盟，又有各大出版社的鼎力支持。教育在线会成为迸发火花的教育梦工场！

2008年6月，经过六年的沉淀，华东师范大学出版社与教

华东师范大学出版社
2008年7月版

育在线网站联袂推出了“大夏书系·教育在线丛书”，从学校管理、班主任工作、教师发展与教师生活四个层面，精选教育在线论坛与博客上的优秀文章，编成4册。推出这套丛书的目的，是想进一步推进网络与传统媒介的互动，使先进的教育理念得到更广泛的传播，同时进一步促进网络文化魅力获得社会

华东师范大学出版社
2008年7月版

华东师范大学出版社
2008年7月版

认同。

丛书包括《学校管理的艺术》（祁团、丁莉莉主编）、《与优秀教师同行》（刘祥、刘恩樵主编）、《可以这样做班主任》（屈红霞、毛春铧主编）和《教师的第九个小时》（刘恩樵、刘祥主编）。

其中《学校管理的艺术》收录了卢志文、许新海等近50位校长治理学校的心得与案例，是教育在线网站“学校管理论坛——卢志文在线”的优秀文章与博客汇编，从不同角度阐释了学校管理的艺术。

《与优秀教师同行》的50篇文章，是从300多位作者的1000多篇文章精选出来的，主编之一说：“每一篇文章的背后，都有一个真实的生命，坚韧执著地行走在并非辉煌灿烂的教育教学道路上。这些文字，就是见证一个个鲜活生命的存在方式，就是鉴赏一个个崇高灵魂的栖息状态。为他们取得的成就而喜，为他们遭遇的委屈而悲，更为他们把寻常岁月经营得有声有色而心怀崇敬。”

《可以这样做班主任》精选了教育在线网站论坛和博客上关于班主任工作的精彩文章，包括班主任工作的随笔、案例、故事、经验总结等，是一本汇集了广大中小学班主任经验和智慧的图书。

《教师的第九个小时》一书则旨在通过一些教师对个人课余生活情趣的叙述与展示，让更多的人也来关注与审视自己的课余生活，从而思考、行动，使自己的课余生活生动、丰富起来。

感谢时任大夏书系总策划的吴法源先生对教育在线网站的大力支持。也感谢刘恩樵总版主以及分卷主编的辛勤劳动。

84　改变，从阅读开始

——重塑心的文化

文化是滋养心灵的土壤。中国传统文化所重视的正是人的价值。基于这种考虑，该书选编了辜鸿铭、章太炎、梁启超、胡朴安、陈撄宁、熊十力、张君劢、太虚法师、梁漱溟、钱穆、林语堂、冯友兰、方东美、陈立夫、贺麟、徐复观、张荫麟、牟宗三、唐君毅等19位大家的讲演（少数是文章摘选）。他们是一批活跃在20世纪中国文化舞台的大人物，他们学贯东西、出入佛老，担当着接续中国文化的历史重任。我在书的前言中说，在这些大师的面前，我是心甘情愿执弟子礼的。在选编这些文字的日子里，我时常充满欢喜，真切地感受到他们慷慨激昂、飘逸潇洒的生命气象。

本书选入的文章，角度各不相同（有的谈人、有的谈心），立场各不相同（有儒家、有道家），思想也不相同（有的保守、有的创新），为的就是让这些大家的思想精髓尽情展示、碰撞和交锋，进而让读者朋友自己去感受、体悟他们对中国文化的集中解读。尽管有儒家、佛教、道家等不同角度和立场，但他们实质上说的是同一个命题：那就是中国人的安身立命之道。

选编这本小书，是希望读者朋友们对中国传统文化有一个概览式的了解和把握，并从此更加热爱中国传统文化。也希望新教育同人能够了解中国传统文化，活出中国文化的根本精神。

在选编过程中，得到我的好朋友黄明雨先生的鼎力相助，他同时也是这本书的编辑。可以说，这本书是我们合作的产物。

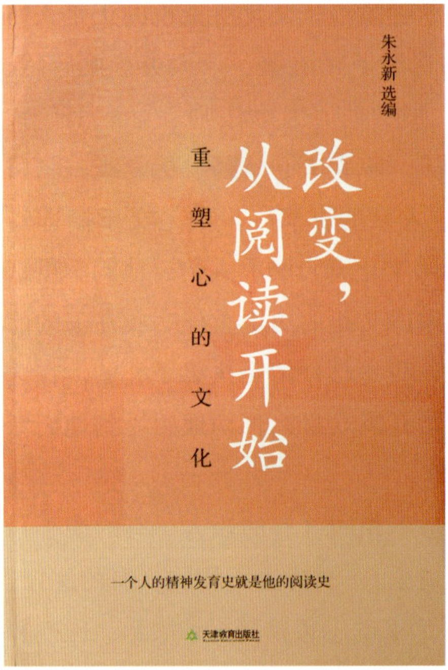

天津教育出版社
2007年10月版

85 一次梦想的远征

——“灵山—新教育”贵州支教（2006—2007）

这是一本专门记录新教育实验的志愿者们远赴贵州凤岗等地义务支教的书，是一本反映灵山慈善基金会的慈善精神和新教育实验的公益精神完美结合的书，也是一本展现灵山与新教育心灵相遇的书。

本书主要叙述了2006年新教育实验的志愿者们在贵州等地进行公益支教的诸多感人事迹。新教育实验的志愿者们沿着苏州—上海—重庆—遵义—凤岗，一路艰难跋涉，历经60余天，抵达贵州。在为期两个多月的公益支教过程中，他们开展了一系列卓有成效的工作。无论是从通识培训到公开课，从教员随笔到课程研发，还是从师生对话到心灵独白，无不浸透着新教育实验志愿者们的汗水和心血。书中的很多人物和细节，今天读来，仍然让我十分感动。特别是吴国平居士，拥有炽热的教育情怀，对新教育实验的公益精神欣赏有加，并慷慨相助。所以，我经常说吴国平居士是我们新教育实验的贵人。

这本书的出版，要特别感谢吴国平先生、赵一平先生和张磊居士。没有他们实实在在的支持，贵州之行可能就是一个梦想。同时，还要感谢我们新教育实验志愿者们无私的奉献和精诚合作。感谢主要执笔人魏智渊先生、马玲老师等，感谢新教育研究中心的团队，正是大家的共同努力，才有了上面的故事，进而才有了这本书。

天地出版社
2007年7月版

86　我所理解的教育

这是一本关于教育故事的书。它以一种不同于“正规教育学”的视野，用叙事的手法，描述了教育一线工作者眼中的“教育要义”。无数深奥的理论和缜密的实验曾给教育以崇高的尊严，每每定义教育，人们常会慑于她正襟危坐的不可一世，而教育的现实又往往让游走其间的生灵感慨万千。所以即便无法给教育一个完整的定义，行者和旁观者们还是津津乐道，周旋于教育的光影空间。而当我们抛开仰视，抛开敌视，抛开一切复杂的说辞，仅以忠诚明敏之心走进大千世界时，我们发现了另一种逻辑实证之外的表达之美。于是，便有了这本素面朝天的小书。

这本小书的作者，不仅是一群视觉的捕手，更是一群心灵的捕手。他们秉笔直书，笑对人生，呼唤真诚，讴歌善良，可谓真语言、真性情、真生命。更可贵的是，很多作者都是普通的教育一线工作者，他们以行走人间的从容和大气，以清新明丽的文字记录下一个个真实而精彩的瞬间，令教育迸发出不可漠视的超凡魅力。

在这里，无论是世俗眼中大师级的作者，还是名不见经传的小人物，都以闪光的智能和诚实的秉性记录生活，诠释教育。他们都有一种相似的精神特征，那就是对有尊严的、多样的教育的崇尚。因此，他们笔下的每个小故事中，都跳动着光鲜清亮的真情因子，为我们在复杂多变的世界上提供了一种富有智慧和诗意的活法，为普通教育者的灵魂提供了一方安然栖息的草坪。读之，我们心中最原始的部分得到疏导和释放，最脆弱的部分得到鼓励和抚慰，最孤寂的部分得到舒缓和安顿，最无望的部分得到确认和支持。我们会恍然发现：教育，原来可以如此沁人心脾。

责任编辑夏蓓和我的学生苏静为本书做了大量基础性工作。

海南出版社
2006年4月版

87 管理心智：中国古代管理心理思想及其现代价值

这是一本探究中国古代管理智慧及其现代价值的著作。全书达120多万字，分为《中国古代管理心理思想》和《中华管理智慧的现代价值研究》上下两卷。上卷由陶新华博士协助我担任主编，宋春蕾任副主编；下卷由李锐协助我担任主编，邵爱国博士任副主编。

作为世界文明的源流之一，中华民族有着五千年的悠久历史。但凡受过中国传统文化熏陶的人，无不感慨其博大精深。在历史的进程中，中华文化常因外力的调整，自我调适，兼容并蓄，日新又新。中华文化不断因应世变，进取向上，是一个不断以今日之我更新昨日之我的文化历程。特别是随着全球化的浪潮来袭，加之东南亚经济的高速发展，中华文化的管理思想的影响力日益凸显。在这种社会背景下，系统研究中华传统管理文化思想对经济的促进作用以及对现代经济社会的重大影响，显得尤为必要。从这个意义上说，这本书是时代的产物。

该书是国家自然科学基金资助项目。我与多位博士生、硕士生组建的研究团队，经过了近五年时间的研究，采用定性与定量、量化与质化相结合的研究方法，通过挖掘古代、近代与现代有关中国古代管理的文献，从中整理出具有逻辑性与系统性的典型资料，全面系统地揭示了中国古代管理智慧在现代管理背景下的生命力和发展力，并从管理心理学的角度提出了“以人为本、以德为先、中庸之道、无为而治、以和为贵”的中国传统管理文化思想精髓。不仅让人从中领略五千年管理文化的苍劲与淳朴，体验古老文明活力的悠久与蓬勃，感悟古代先贤管理智慧的深邃与高远，而且也丰富了现代企业管理和管理理论研究。

经济管理出版社
2005年7月版

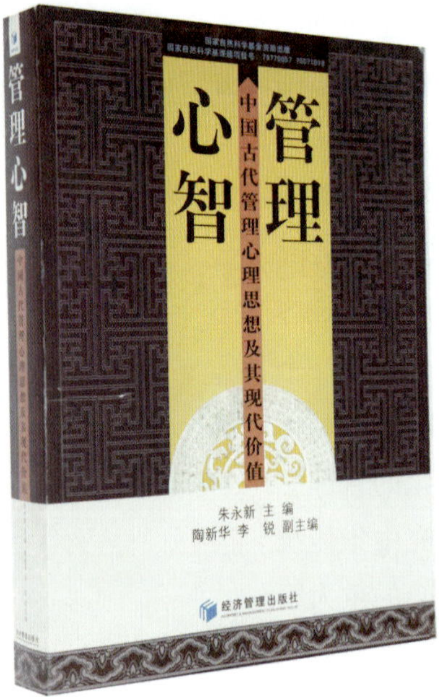

该研究得到了时任全国人大常委会副委员长成思危先生、复旦大学首席教授苏东水先生与上海师范大学燕国材教授的大力支持。成思危专门撰写了长篇序言。本书出版后，亦受到了管理界的高度关注和好评，先后重印多次。2015年该书荣获中国软科学奖。

88 引领心灵

——未成年人思想道德建设教师案例读本

海南出版社
2005年6月版

这是一本应广西壮族自治区教育厅的邀请而编著的小书。

该书甄选了数十个优秀的教育教学案例故事，生动地展现了我国教育工作者在未成年人思想道德建设方面所进行的有效探索与实践。本书选编的原则是要求所选案例尽可能紧密结合实际，有的放矢，内容精彩，文字精美，生动感人，集实践性和艺术性于一体。每个案例后附有父母留言和嘉宾感言，同时附有思考与研究的问题。

本书的作者大部分都是教育一线工作者。他们以行走人间的从容和大气，以清新明丽的文字记录下一个个真实而精彩的瞬间，令教育迸发出不可漠视的超凡魅力。他们是一群视角独特的心灵捕手，用生命叙事的方式，向读者娓娓道来发生在他们身边的教育故事。从这个意义上说，这种教育的方式更加接地气、原生态。

本书的主要工作是由时任海南出版社主任编辑的夏蓓协助我完成的，从创意、组稿到编辑，她都付出了大量艰辛的劳作。

89　中国教育蓝皮书（2004年）

高等教育出版社
2005年3月版

这是一本由21世纪教育发展研究院主持的项目成果，也是继2003年首次推出《中国教育蓝皮书》之后的第二部。

该书比较全面地反映了2004年中国教育发展改革的整体状况，讨论了本年度若干重大的教育问题，强调社会视角和大教育视角，重视研究性和可读性的结合，继续了我们所追求的民间立场，更多地表达了第一线教师、学生、父母的观点，从而使它既具有相应的理论性、研究性，又可以作为工具书帮助人们全面了解年度中国教育的发展状况。本书汇集了来自政府、学界、媒体、学校等不同方面的丰富信息，旨在为社会提供一个更多体现民间视角、民间立场的年度教育报告，为中国教育发展和改革建言谋策，并为急剧变革中的中国教育留下鲜活的民间记录。

本书得到了高等教育出版社徐挥先生的大力支持。21世纪教育发展研究院杨东平教授，我的学生陶新华博士、张荣伟博士和何小忠博士等参与了本书各章节的编写。同时，原定我和杨东平先生每年轮流主编这套蓝皮书，但因为我的研究重心逐步放到新教育实验以后，就不再担任这项工作了。这本书也被社会科学文献出版社作为蓝皮书系列出版。

90　100个中国孩子的理想报告

希望出版社
2005年1月版

这是一本记录中国孩子理想的书，也是一本反映孩子希望与未来成长的书。

说起这本书的编著经历，颇为有趣。2004年的某一天，我和几位朋友在一个快餐店里大嚼鸡腿和薯条。当我们吃到一半的时候，突然发现一个极为有趣的现象：孩子很多，而且几乎每个孩子都有父母陪着，但父母们几乎不吃任何东西，只把目光投向孩子。看着看着，我和朋友们都笑了起来。于是，我们就开始谈论编辑一本关于孩子的图书。

我们以“理想”为主题，面向全国各省市征稿。我们收到了许多稚嫩的稿件和宏伟的理想，在这大量的来稿中，我们非常为难地选择了其中有代表性的100篇。

是啊！孩子的理想既是一个童话，也是一首成长的诗歌，更是一个色彩斑斓的梦！我们希望所有的孩子都有自己的理想，我们也祝愿我们的孩子都能实现自己的理想。

这本书是“教育在线文库”的一种，原来准备围绕中国孩子进行一系列的调查，后来由于各种原因没有继续下去。苏州小荷作文的冯斌先生参与本书策划，并且负责调查与整理工作。

91 教育与中华民族凝聚力

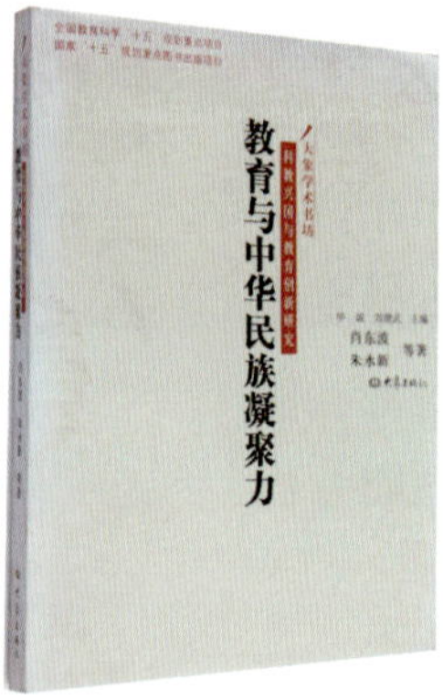

大象出版社
2005年7月版

该书是全国教育科学“十五”规划重点项目课题《创新教育的研究与实验》理论研究部分的成果。

全书共分八章，围绕中华民族凝聚力与教育的逻辑关系，分别论述了中华民族凝聚力的历史发展，教育与民族凝聚力的关系，思想政治教育与凝聚力的逻辑，民族教育与民族团结的必然联系，全球化趋势下的教育与民族凝聚力等问题，回答了时代对创新教育的迫切要求，为创新教育的开展奠定了理论基础。

本书是应肖东波先生的邀请组织撰写的。当时，我和杨树兵博士在《教育研究》杂志发表了一篇《教育与中华民族凝聚力》的文章，肖先生主持的创新精神与民族凝聚力课题组发现后，就力邀我们参与研究。于是我组织在读的硕士生和博士生团队，把创新与民族凝聚力作为研究课题，撰写了一组文章，形成了这本书的初稿。我们期待让更多的读者从中华民族凝聚力的角度了解创新教育、把握创新教育，进而参与创新教育，关注创新教育。

92 诚信启示录

这是一本全国高等学校通识课程系列教材用书，也是我主持的国家自然科学基金的研究成果。

我国自古以来就有讲诚信的优良传统。《论语》中曾38次提到“信”，并将“信”与“仁”“义”“礼”“智”并列。可见，“信”是孔子五伦思想的重要内容之一。可以说，诚信思想是中国璀璨的古代文明和辉煌的中华文化的基本支柱之一，是古代管理思想的核心。然而进入现代社会，随着经济的发展，诚信出现了危机。因而呼唤诚信，重建信任就成为当代社会民众的呼声。大学生作为社会一个特殊而又重要的群体，尤其要注意诚信问题，因为他们身上肩负着实现社会主义现代化、完成中华民族伟大复兴的历史使命。他们诚信与否，直接关系到这一历史使命能否顺利实现。

写这本书的时候，正是我们的社会面临“诚信危机”的时候。超市的“毒大米”事件，南京冠生园等企业制假售假，假皮鞋，垃圾棉，造成了许多人不敢吃、不敢穿、不敢住、不敢用、不敢行，不敢相信所有的人与所有的事。本书采用案例剖

高等教育出版社
2004年7月版

析的方式，从正反两面揭示了“立信者兴、失信者亡”的市场生存规律。在本书18个典型案例中，既有着眼于微观组织实体的案例，重在展示诚信危机现状，内容涵盖经济、政治、文化等社会生活各大领域，又有涉及立法、教育、个人诚信和社会信用体系建设的宏观案例，综合阐述诚信建设对策方面的内容，旨在通过介绍世界各地的先进经验，为我国诚信体系建设提供借鉴。

在本书的编写过程中，我的研究生团队徐艳、秦燕、夏春、邵爱国等发挥了重要作用，他们不仅直接参与了收集案例、整理书稿工作，而且发动了他们在北京大学、北京师范大学等高校的同学参与了部分内容的写作，付出了艰辛的劳动，让我享受到“教学相长”的快乐。

93　The Cultural Suzhou（吴文化读本）

这是一本向世界介绍苏州文化的英文著作，根据我主编的《吴文化读本》编译而成。

吴文化有着悠远的历史。吴文化是苏州这座城市的精神底色。1997年底开始，我在苏州担任副市长，分管教育文化等工作，苦于一直没有一本全面介绍苏州文化的英文著作，让更多的国际友人了解吴文化的厚重历史，展现苏州在世纪历史交汇点所取得的一系列成就，于是邀请了苏州职业大学吴恩培教授等共同主持编写了这本书。

古吴轩出版社
2004年6月版

本书详细介绍了吴文化的起源与发展，研究了最具有代表性的苏州古典园林、评弹、昆曲、苏绣、历史名人等吴文化表征，阐述了吴文化对苏州社会生活、教育、文化、精神等的影响，重点梳理了从句吴文化，再到吴地文化，最后到苏州文化的历史演变，并介绍了苏州近年来在工业、农业、商业、科技等方面的成就。

在本书的编写过程中，得到了苏州市委、市政府的大力支持。时任苏州市委书记王珉专门为本书写了序。一批研究吴文化的专家学者参与了本书的撰写工作。

94 中国教师：专业素质的修炼

这是一本教师成长手册，是一本引导教师感兴趣地、自觉地、有效地进行综合素质修炼的书。

时任南京师范大学出版社编辑室主任的戴连荣先生是《我的教育理想》一书的责任编辑。在他的不断邀约下，我联合教育界的几位朋友，一起撰写了这本普及型读物。在该书的引言中，我描绘了心中理想的中国教师的形象。

全书共分十章，第一章《回眸教育发展：教育轨迹的梳理》介绍了什么是教育、学校教育制度产生的过程以及教育发展的历史进程；第二章《拓宽教育视野：教育分支学科解读》介绍了教育哲学、教育社会学、教育经济学、教育心理学、教育统计学、比较教育学、教育管理学、教育技术学、教育未来学等学科特点与发展情况；第三章《走进教育大师：教育名家导引》介绍了夸美纽斯、裴斯泰洛奇、赫尔巴特、福禄贝尔、杜威、罗杰斯、苏霍姆林斯基、赞可夫、陶行知、蔡元培等教育家的生平与思想；第四章《倾听圣贤声音：教育名家导读》介绍了《理想国》《爱弥尔》《民主主义与教育》《学会生存》

《学记》《大教学论》《教育漫话》《给教师的建议》《陶行知文集》《论美育》等教育经典著作20余部；第五章《追寻太阳光辉：教师的身份和地位》介绍了教师职业的特点与社会地位；第六章《超越今日之我：教师成长探秘》研究了教师作为教育家的素质特征以及教师成长的心理发展规律；第七章《守望道德星空：教师职业道德建构》讲述了教师职业道德的准则与道德建设的要求；第八章《步入教育法规：教育法制概述》介绍了教育法的种类与体系，分析了教育立法、司法必须解决的几种矛盾；第九章《开启思想之门：教育科研方法》介绍了教育科学研究的具体策略、研究范式以及论文写作和课题申报的方法；第十章《摄取教育信息：教育报刊综览》分类介绍了国内外教育报刊的基本情况。总之，本书主要是围绕如何热诚地、平和地、亲切地启发教师拓宽知识视野，更多地知悉教育发展的认识经验，更深地从多维理性角度思考教育问题和策略，走进大师的心理，体悟教育的真谛，更好地守望道德、人文和法治精神，研究、探索、设计教育理想及职业生涯，实现教师的人生价值等方面进行阐述。这也是我们写作本书的出发点和立足点。

南京师范大学出版社
2003年12月版

本书的写作得到了朱小蔓教授、眭依凡教授、方展画教授、周川教授、薛晓阳博士、吴安春博士、高伟博士、高万祥特级教师、严开宏先生等专家的大力支持，他们在繁忙的工作之余拨冗撰写了有关的篇章内容。袁振国教授作为主编之一，不仅亲自撰写了相关章节，还协助我做了许多审稿修订工作。责任编辑戴连荣先生则在联系作者、审阅书稿和编辑出版方面做了大量具体的事务性工作。

95　教育问题的哲学探索

本书是苏州大学马克思主义哲学博士点的文库之一，是我与许庆豫教授和我的博士生团队共同撰写的论文集。在本书中，我们没有试图探讨严密的教育哲学理论体系及其相关范畴，没有给出教育哲学的学科界定。我们所做的工作是从哲学精神与现实问题的结合点上，思考和探讨我们这一时代面临的重大教育问题，并且努力给出我们的理解。

全书以专题为线索展开。首先梳理了我国古代教育思想和西方教育哲学思想的基本特征。我们认为，当代哲学，包括当代教育哲学的任何的进步，都是对已有思想的继承和发展。这些已经产生并对当时和当今教育观念、教育实践和教育理论产生影响的思想，应该是当今教育哲学的思想资源，因而应当成为教育哲学研究与关注的对象。

本书集中探讨了当代中国的一些重大教育理论问题，计有十个专题。《教育理论的适应与超越》说明教育理想是教育过程和社会生活中的永恒的主题，构成教育理想的哲学基础是人的本质和教育本质内涵的适应与超载之间的张力。《人的发展观与全面发展教育》考察了不同时代的人的发展观，论证了人的发展观渗透着鲜明的历史性和社会性，并说明在当代人的发展反映着时代的要求，因而全面发展的教育应充分吸收时代对人的要求。《教育理论、教育实践及其关系的若干问题探析》系统地探讨了理论与实践和教育理论实践的关系，阐述了教育理论向教育实践迈进的基本途径，分析了教育理论与实践关系的合理分离和非合理性阻隔的形成及其原因，提出了消除教育理论与实践阻隔的理论设想。《民主教育与民主理论》界定了民主和民主精神的内涵，批判了民主教育的对立面即专制教育的现实表现及其深层原因，立足于民主理论阐明了民主教育的基本特征。《教育公平：内涵和规定性》厘清了教育公平及其相关范畴的含义，揭示了教育公平的内在规定性，基于教育公平及其内在规定性阐明了教育公平的原则。《新全球化时代我国教育发展模式的重构》叙述了全球化时代和以此为背景的后现代主义观念将对教育产生深刻和广泛的影响，并且分析了面对这样的影响，我国教育发展应当或将会选择的方向和目标。《科学教育中的人文教育》从科学教育与人文精神的关系出发，分析了科学教育的本质，指出当下科学教育与人文精神的冲突及其表现，探讨了科学教育与人文精神融合的内在逻辑和时代要求，构建了实践中融合科学教育和人文精神的基本途径。《科学素养教育论的后现代意蕴》的主题是科学素养教育理念与实践的关系、科学素养教育论的意向与成因和科学素养教育论的后现代走向。《论师生关系决定教育本质特征》从交往实践角度出发重新解释了教育的本质，并基于这种对教育本质的

苏州大学出版社
2003年12月版

新理解，概括了师生关系应有的交往实践性质，一方面冷静地分析了违反交往实践性质的师生关系的负面效应，另一方面描述了交往实践性质的师生关系的理想前景。《论知识经济时代的亲子关系》揭示了知识经济时代亲子关系的主流特点，分析了我国当代社会条件下亲子关系面临的矛盾，从家庭、学校和社会多种角度思考了消解我国亲子关系矛盾的途径。《对中国义务教育发展历程的反思》梳理了我国义务教育的历史成就和现实问题，提出了实施和普及义务教育过程中存在的问题和解决的思路。《我国90年代高等教育机会不平等现象分析》阐明了教育机会平等的内涵，概括了20世纪90年代我国高等教育机会的不平等现象及其负面效应，提出了淡化高等教育机会不平等现象的基本原则和具体措施。《高等教育大众化的思考》评介了高等教育大众化的主要特征，全面比较了大众化高等教育与精英化高等教育的差异，并在分析高等教育大众化主要问题的基础上提出消解的设想。本书最后讨论了西方哲学方法论及其对教育研究的影响，系统地回顾了西方哲学方法论的历史形态，以及其从绝对趋向相对的变化过程，并分析了这一过程对教育研究对象、方法和研究主体与客体之间关系的影响。

本书涵盖的专题，都是教育哲学领域面临的一些热点问题和重大基本问题。与教育哲学专著相比，本书有以下基本特点：第一，本书的专题探讨保证了教育哲学研究的深度。书中的每一专题都是对每一个专门的教育哲学问题的独特思考，涉及本专题的最为重要的和相当困难的问题，使每一专题都得到了相当详尽的讨论。第二，本书的专题探讨包含了丰富和新颖的信息。由于专题的涉及范围较广，并且均为当前教育哲学领域关注的基本问题，在探讨过程中吸收了大量的素材，同时提出作者自己的思考。第三，本书专题的探讨综合了理论与实践的相关环节。

96 教育在线文库

网络作为一种现代化的交流工具和信息源，具有传统媒体无法比拟的便捷性和优越性。它快速地改变着我们生活的这个世界，并且引发了一系列的信息爆炸、知识爆炸、观念爆炸！它消解了过去地域和实践带给我们的局限，节约了人类大量的劳动成本、资源成本和质量成本。同时更重要的是，给我们的教育开发带来了无限的可能。毫无疑问，它改变了我们汲取知识与信息的方式。

正是基于这样的思考，我和我的一批教育界同人创办了一个网站即教育在线。创建学习社区、净化网络文化、凝聚教育才俊、提升教育品质、最大限度地运用好网络这个利器，这是我们的梦想。

我在教育在线的首页上写下了这样一段话：我理想的网络是平等的空间，没有话语的霸权，没有烦琐的俗套，只有真诚的流露与思想的流露。我理想的网络是学术的净土，严肃而不失幽默，通俗而绝不恶俗。网络的生产和发展同样需要道德与法制的约束。我理想的网络是温馨的家园。每一位会员、每一位版主，都是这个家庭愉快的成员。这儿没有家长，人人都是服务生并且永远乐此不疲。我理想的网络是教育家的摇篮。在这里，智慧在研讨中充盈，理想在争论中升华。关注教育、关爱你周围的每位师生，捧一颗真心来交流，带满腔热情在努力。

教育在线自2002年6月16日开通以来，点击量一路攀升，一批批满怀热情的教育志士从四面八方汇聚而来。也正是因为教育在线，我的生命中的每一天便多了一份牵挂，多了一份充实，多了一份冲动，多了一份童真，也多了一份诗意。我与每一个会员一样感受着教育与碰撞的快乐。在网上，我们能更多地听到无拘束的真话。观点鲜明的帖子以及毫无顾忌的评论，尤其是对教育现状的批评，让每一个关心教育的人多了一份冷静、一点思考与一份压力，更多了一股改革的动力。众多有思想有见地的教育记者、编辑的参与，也使教育在线多了一份骄傲。大家相会在网上，无论是约稿还是投稿，或者是征集点评，须臾间即可完成。

苏州大学出版社
2006年7月版

我不敢说创办教育在线的所有理想都已实现，但至少有一点是令我特别欣慰的，那就是通过教育在线，我结识了原本素不相识的一批优秀教师。他们是网络精英，也是真正的教育英雄。正是这些教育英雄，在紧张的工作之余，挤出时间到网上进行教学方法交流、教育思想交锋、人生观点碰撞。教育论坛的每一个帖子，在线文库的每一篇文章，无不凝聚着网友对教育的情感与思考。他们关注教育热点，关注新的教育理念与动态，他们感受与思考，使教育在线成了一个属于教师云集的精神家园。

依托教育在线独特的沟通方式，在大家对共同关心的教育话题进行充分思考和探讨后，我们便有了这一套“教育在线文库”。我们希望通过这套丛书，让网络与传统媒介互动，把先进的教育理念尽可能广泛地传播，同时也为网络文化魅力得到全社会的广泛认同尽一点绵薄之力。

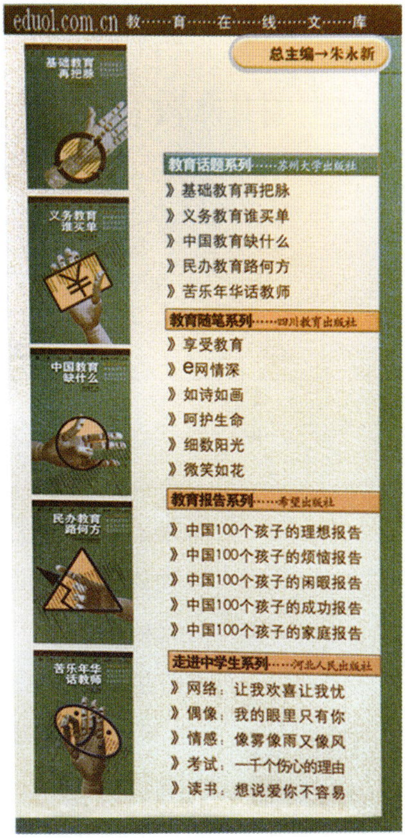

“教育在线文库”共分四个系列，有淡描心灵之旅、倾诉教师情怀的“教育随笔系列”（四川教育出版社出版，有《享受教育》《E网情深》《如诗如画》《呵护生命》《细数阳光》《微笑如花》《心听校园》《追寻教育的诗意》等），有关注均衡发展、探寻教育未来的“教育话题系列”（苏州大学出版社出版，有《基础教育再把脉》《义务教育谁买单》《中国教育缺什么》《民办教育路何方》《苦乐年华话教师》等），更有触及观点内核、引发学生思考的“走进中学生系列”（河北人民出版社出版，有《网络：让我欢喜让我忧》《偶像：我的眼里只有你》《情感：像雾像雨又像风》《考试：一千个伤心的理由》《读书：想说爱你不容易》等），还有直面教育存在、倡导人文关怀的“教育报告系列”（希望出版社出版，由于各种原因只出版了《100个中国孩子的理想报告》）。教育在线的最活跃的一批网友，如卢志文、张菊荣、袁卫星、焦晓俊、于春祥、陈晓华、王军、贺春兰等是这套文库的重要作者。

97 中国教育缺什么

这本书是“教育在线文库·教育话题系列”中的一本。它缘起于我发在教育在线上的一个帖子“中国的教育缺什么”，当时犹如石击湖面，激起了层层涟漪。很多网友纷纷留言跟帖，对此话题做出了自己的回答。这本书就是集广大网友智慧之大成的呈现。

本书共分为四个部分：放眼教育、关注生命、走进课堂、审视科研，以主题带争鸣的形式，就当今中国基础教育存在的问题进行开放式的研讨。

第一部分：放眼教育。主要是放眼中国基础教育，对教育环境、教育体制、考试制度等问题，进行宏观的探究，找寻对策。

第二部分，关注生命。主要是从生命的角度反思我们的教育。倡导人文精神，传播生命艺术，关注成长发展。

第三部分，走进课堂。主要是用现代理念重构我们的课堂，让现代教育技术应用和研究性学习成为新课程理念下的靓丽风景。

第四部分，审视科研。主要是以一线教师的目光和实事求是的态度审视时下热闹非凡的教育科研，力图回答什么才是中小学教师欢迎的科研。

本书的主要内容来自于网友的回答，因而它最重要的一个特点是不像高深的理论那样严肃权威，也不像教育论文论证严密，它只是一线教师的忧思和探究，一切的答案只能在你我不断的实践中寻找。

成书过程中，徐月新、沈正元、凌龙华、钱海荣、戴伟纲等吴江市高级中学的教师们做了大量基础性工作，李镇西博士也做出了重要贡献。

苏州大学出版社
2003年4月版

98 吴文化读本

苏州大学出版社
2003年6月第1版

1997年，我当选为苏州市副市长，主管文教口工作。由于工作使然，我对苏州的吴文化尤其关注。因为苏州的历史文化积淀十分厚重，但当时并没有一本普及吴文化的读物。为此，我要求聚全市专家之智，由苏州的吴文化研究所牵头负责，编写一本关于吴文化的普及读物。

在这种背景下，《吴文化读本》面世了。它不仅是一本全面介绍苏州历史文化的著作，更是一本凝聚全市专家智慧的力作。

该书共分九章，分别为吴文化概说、吴地的开放与吴文化的发展序列、吴地的社会生活、吴地的教育、吴地的文学、昆曲苏剧评弹、吴门书画及工艺美术、苏州园林和名胜古迹、吴语吴歌吴地民俗，深度介绍了吴文化的历史渊源、形成和表现，向人们展示了吴文化厚重的历史底蕴。

本书的编写，得到了时任苏州市委书记王岷的大力支持，他还亲自为本书作序。苏州吴文化研究所的吴恩培教授协助我主持了全书的编写工作。

99 我们需要怎样的员工
——世界五百强跨国企业人力资源经理访谈录

随着我国改革开放步伐的加快，一批航空母舰般的跨国公司进驻了中国。特别是世界500强的企业，更是在中华大地上演绎了一幕幕的精彩故事。他们在占领市场、创新科技的同时，也让我们学到了许多，尤其是跨国公司的人力资源理念，为中国管理学界展现了一道美丽的风景线。

本书对落户苏州的世界500强中的一批著名跨国公司的人力资源经理进行深度访谈。撰写这本书，当时有三个重要目的。

首先，进一步推进苏州的改革开放和经济社会建设，改善苏州的投资环境。1997年底，我成为改革开放的前沿城市苏州的副市长。截至2002年底，世界500强企业中已经有87家在苏州兴办了150多个企业，苏州累计吸引外资达到400亿美元，三资企业总数近9000家。跨国公司的文化管理战略在苏州能否有效运行？他们对苏州乃至中国的人力资源环境有什么评价？他们如何处理跨文化沟通的问题与矛盾？他们对改善苏州的投资环境有什么建议？这些都是我们在调研访谈时关注的问题。

其次，为国家“十五”重点教材《管理心理学》和国家自然科学基金项目收集案例。当时我正在主持国家重点教材《管理心理学》的修订工作，希望这本书可以作为学生学习《管理心理学》教材的参考书，教师从事教学的案例集。同时，我当时还主持着国家自然科学基金项目《诚信在现代企业管理中的价值》，希望在调研访谈中了解外资企业对于诚信问题的看法与做法。

再次，为大学生就业提供参考与建议。这本书的撰写，当然不仅是为了了解跨国公司的人力资源理念和实务，借鉴跨国公司的管理经验，这本书的书名是《我们需要怎样的员工?》，说明我们想为即将迈入社会的大学生们提供一个求职指南。跨国公司的人力资源组织对于大学生们有什么期待？大学生究竟应该如何充实和完善自己？大学生们就业后应该如何把握机会、挑战自我？读一读这些人力资源主管的访谈录，相信会找到答案。

这本书的作者都是我的博士生和硕士生，与我一起担任主编的是我的第一位博士生陶新华。这本书的撰写既是作为研究的一种训练，也是一种有益的社会实践。我当时也非常希望访谈的过程成为教育他们的过程，能够影响到他们今后的工作态度与人生境界。

高等教育出版社
2003年1月版

100 创新教育论

江苏教育出版社
2001年5月版

1999年6月，第三次全国教育工作会议提出："创新是一个民族进步的灵魂，是国家兴旺发达的不竭动力。"两个月以后，我与杨树兵博士合作的论文《创新教育论纲》发表于《教育研究》。文章刊发以后引起了比较强烈的社会反响，大家普遍认识到缺乏教育创新，标准化、统一化的教学模式，严重地制约了中国教育的发展，扼杀了学生的创造性。也有人来信希望我们提供更系统的理论，更具操作性的建议。因此，有了这本《创新教育论》。

《创新教育论》是江苏教育出版社"当代教育新理论丛书"的一种，也是全国高等学校教学研究会立项支持"21世纪初中国高等教育人才培养体系研究计划"的课题之一。全书由我与我的博士生、硕士生周晓平、谢逸、范庭卫、夏金华、陶新华、薛晴、宋春蕾、杨树兵、谢竹艳、胡庆芳等合作撰写。杨树兵和陶新华协助我担任本书的副主编。

全书共十章。第一章《创新——民族进步的灵魂》，介绍了什么是创新、创新的意义与创新教育；第二章《创新教育——教育的真谛》，介绍了创新教育的内涵、国内外创新教育的研究概况，以及创新教育的意义；第三章《创新教育与创新意识的培养》，对创新意识的概念、心理结构进行了分析，提出了培养创新意识的7种方法；第四章《创新教育与创新思维的培养》，研究了什么是创新思维、培养学生创新思维的意义与方法；第五章《创新教育与创新性学习的形成》，介绍了创新性学习的特点、意义，创新性学习的形成，以及创新性学习中的技能培养；第六章《创新教育与创新人格的塑造》，分析了创新人格及其特征，提出了创新情感的培养、创新意志的磨炼和创新性格的养成的具体路径；第七章《创新教育与创新型教师》，重点介绍了创新型教师的四项素质与五项实践艺术；第八章《创新教育与教育创新》，从教育观念的创新、课程内容的创新、教育教学方法与手段的创新、教育评价体系及方法创新、教育管理体制的创新等方面提出了教育创新的内容；第九章《创新教育的环境与氛围》，分析了家庭、学校、社会在教育创新中的不同作用；第十章《创新教育的实践原则》，提出了协同支持、层次推进、全面促进、主导示范、主体参与、弘扬个性、评价多元等基本原则。

101 中外教育思想史

南京大学出版社
2015年8月版

南京大学出版社
2000年9月版

这是一本高等学校小学教育专业教材。江苏省教育厅为了给师范生提供一套适用教材，组织全省专家组成了高等学校小学教育专业教材编写委员会，邀请我为中小学教师及师范生编写一本简明扼要的教育思想史读本。

本书主要着重介绍和分析了一些教育领域的基础性和规律性的问题，包括中外教育思想的发展轨迹、理论基础的比较研究、中外教育思想的特征分析、中外近代教育思想的演变等，并在书中集中介绍了孔子、墨子、荀子、颜子推、韩愈、朱熹、王守仁、王夫之、蔡元培、陶行知、苏格拉底、柏拉图、夸美纽斯、洛克、裴斯泰洛奇、赫尔巴特、福泽谕吉、杜威、马卡连柯、苏霍姆林斯基等20余位中外著名教育家的生平与学说、思想，以期给读者留下一个全景式的图像。同时，思考题和参考文献为教师的思考和分析提供了逻辑上的线索和空间。

在出版过程中，得到了江苏省教育厅师范教育处的大力支持。我的博士生杨树兵担任全书的副主编，协助我进行工作。谢竹艳、谢逸等参与了编写工作。2015年8月，本书经过增补完善出版了修订本。

102 中国著名校长办学思想录

这是一本全面反映当代我国著名中小学校长办学思想的书，同时也是“新世纪教育文库”中的一本。

在学校的发展诸要素中，我一直认为，作为灵魂的校长是关键所在。只有优秀的校长，才能为教师的成长提供宽阔的舞台，才能为学校的发展奠定坚实的基础。基于这样的认识，我邀请了当时有较大社会影响力的校长，讲述自己的办学思想与教育故事，形成了这本小书。在这本书中，我们看到高万祥校长如何与大师对话，追求让全体师生在校园里过得更好、活得更好、发展得更好的境界；看到刘京海校长为了每一个孩子的成功而常常忘了到幼儿园接自己的孩子；看到邱继海校长如何从教育思想的高度去提出问题、分析问题和解决问题；看到吴昌顺校长通过科研导向和科研搭桥，使学校拥有了诸多的“北京第一”；看到李金初校长怎么大胆改革，使学校很快发展成为“不是重点的重点”；看到韦力校长如何编织人才摇篮；看到冯恩洪校长如何把教育作为一项事业、一门科学和一种艺术而孜孜不倦地探索明天的教育；看到丁浩生校长如何论述校长是

"家"而不是"官"、是"家"不是"匠"；看到王志坚校长对新世纪办学宣传的主张与现代化学校的思考；看到李敬光校长如何进行小主人教育的探索；看到敢峰校长如何致力于新世纪根苗工程的建设。

这本书中，有的校长是用叙事的笔法将治校的心得娓娓道来，有的用理性的沉思将管理的奥秘细细分享，但总览起来有一个共同点，那就是他们都是用心在书写自己的教育情怀。当然，我们从这些著名校长的办学实践当中，也可以窥见中国教育的特点、问题与校长们的应对之策。

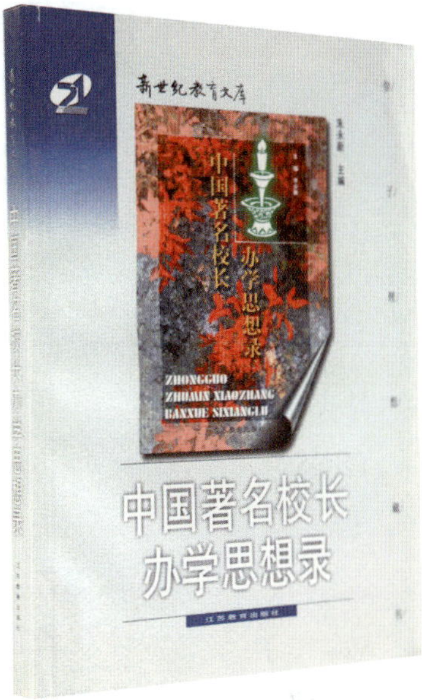

江苏教育出版社
2000年9月版

103 中国著名班主任德育思想录

这是“新世纪教育文库”系列中的一本。

本书收录了窦桂梅、李镇西、丁如许、蒋自立、任小艾、钱德仁、魏书生七位班主任感人的教育故事。如今，这七位班主任都已成为中国教育的名人和标杆。这本书真实记录了他们在班主任德育工作这方圣土上辛勤耕耘的足迹，反映了20世纪90年代我国优秀班主任的精神风貌。在书中，我们可以看到窦桂梅为了追随孩子成长而不知疲倦地追赶着生活的节拍，看到丁如许为了使班级活动成为闪光的珍珠链而呕心沥血，看到任小艾为了建立民主平等和谐的新型师生关系而不懈探索，看到李镇西怎样从浪漫主义到教育现实主义再到教育理想主义的成长轨迹，看到钱德仁如何在担任35年班主任之后得出了“最苦的莫过于战胜自己”的人生体验，看到蒋自立怎样从探索自我教育的值周班长制实验中悟出了“思想不老永年轻”的生活真谛，看到魏书生如何在改变自我超越自我的历程中写下了“潜心育人校校可成净土，忘我科研时时能上天堂”的教育名言。在他们身上，除了其他优秀教师所具备的品质外，更重要的是真诚无私的教育爱心和诲人不倦的教育意志力。他们用生命呵护孩子，把整个心灵献给学生。

本书在编著过程中，得到了教育部基础教育司孙学策同志的大力支持，他为我推荐和联系了一些著名的班主任老师，提出了许多有价值的建议。

江苏教育出版社
2000年9月版

104 中国著名特级教师教学思想录

这是一部集我国特级教师教育教学思想和方法之大成的专门著作。是从柳斌先生主编的多卷本《中国著名特级教师教学思想录》中精选编辑而成。

原书共800余万字，精选本只有60万字，所以只能够每个学科选一个代表性的人物。该书共选取了毛蓓蕾、斯霞、魏书生、李奇瑞、陈凯、陈毓秀、施汉廷、孟漫、邱学华、赵润、刘炳生、王良田、马明、汪延茂、廖可珍、黄素行、王树声等十七位特级教师。其中邱学华先生是原书中未曾收录而由我补选的。

选编时我遵循了三条标准：一是不收“甲乙丙丁”“一二三四”的经验总结或者学科专业太强的文章，尽可能收录生动活泼、情感真实的“谈心式”文章。二是所选文章要反映特级教师的成长轨迹和教学思想形成的过程，给人以激励、共感和启迪。三是原则上每个学科选录一篇。按照这个标准，不得不舍弃了一些特别著名的大师级的特级教师的作品，如顾泠沅、李吉林、于漪等。在选编的过程中，对原文的一些题目和一些段落的个别文字做了改动。

在这本书中，我们基本上能够看到这些老师成长为一名特级教师的轨迹，而且还能透过他们的成长，感受和体悟他们的教育思想。我们可以看到毛蓓蕾老师如何塑造儿童美好的心灵，斯霞老师如何在小学语文教学中进行“爱的教育”；看到魏书生老师如何探索语文教学民主化、科学化的途径，培养学生自我教育能力；看到陈凯老师如何把政治课上得有声有色，陈毓秀老师如何开创历史教学新方法；看到施汉廷老师如何谱写园丁叙事曲，孟漫老师是如何用艺术教育成人之美；看到邱学华老师如何从乡村教师成长为教法专家，赵润老师如何发展学生个性，悉心育人；看到刘炳生老师如何通过科学课程培养学生的创造性思维，王良田老师如何追求体育教学的新境界；看到马明老师如何调动学生学习的主动性、积极性，汪延茂老师如何让学生学会热爱与自信；看到廖可珍老师讲述“没有教不会的学生，只有不会教的教师”的信念，黄素行老师讲述他的“活”“精”“改”的教学“三字经”。而王树声老师则用《讲台三尺写春秋》的故事系统阐述了自己的教师观。

江苏教育出版社
2000年9月版

从某种意义上看，一部特级教师的成长史，其实不仅是他们个人的成长史，也是一部中国当代教育的发展简史。从他们身上，可以看到老一辈教师身上的时代烙印与精神境界。

105 新世纪教育文库

从1995年至2005年，我组织苏州大学的周川、单强、陈子平等教授和全国的知名学者进行中小学生和教师阅读书目的研究与推广工作，策划精选了“新世纪教育文库”。该文库由于光远、李政道、张中行、钱仲联等著名院士、学者近40人担任顾问，分为小学、中学、大学、教师四个系列，每个系列100种(其中重点推荐图书各20种)。这四个书目在全国各地的学校以及网络上有较大影响，成为许多中小学开展书香校园建设的主要参考书目。在该书出版发行之际，我曾经写了一篇文章《为新世纪教师与学生营造精神家园》，其中谈到我们站在新世纪的门槛上，我们面对的是一个科学技术日新月异、知识经济初见端倪、国力竞争日趋激烈的世界。严峻的现实告诉我们，要屹立于21世纪世界民族之林，就必须全面提高国民整体素质，激活我们民族的创新能力。我们愈来愈迫切地感觉到，如何提高受教育者的文化素养、拓展他们的知识视野、开发他们的智力潜能、陶冶他们的思想情操、培养他们的创新精神和实践能力，如何更新教育者的教育理念、提高他们的理论素养和教育

能力、提升他们的精神境界，已经成为我国教育不可回避的紧要课题。

在全面推进素质教育的进程中，我们觉得应当为学生提供与书本拥抱、与大师对话的机会，从而点燃他们创造才华的火花。我们编纂“新世纪教育文库”（以下简称文库），是为素质教育的全面深入发展提供一个良好的契机和新的生长点。

作为百年之交、千年之交的一次文化积累、整理和总结，文库的编纂同时也是对文化更新、转换和创造的一种尝试。

基于以上的思考，我们在编纂文库时力求遵循以下原则：

经典性与广泛性的统一。文库注重所选作品的经典性和人文价值，同时也兼顾知识的广泛性与时代性，社会科学、自然科学等方面都要涉及，使经典著作的普及和现代科学知识的拓展相结合。

深刻性与可读性的统一。文库注重所选作品思想内容的深刻性，但深刻性并不意味着晦涩、枯燥、味同嚼蜡。我们编选作品时充分顾及可读性，使那些具有丰富人文内涵的佳作成为学生可亲可近的精神伙伴。

层次性与整体性的统一。文库既考虑大中小学师生不同阅读层次的需要，也兼顾文库自身的连续性、整体性和系统性。所以，文库一方面尽量避免各系列之间的重复、雷同，另一方面在各系列书目有必要的交叉时，考虑篇幅、文本的有所区别。

文库的出版得到了教育界、学术界、出版界的广泛关注与热情支持，李政道、于光远、任继愈、许嘉璐、刘吉、张中行、张岱年、张岂之、陆文夫、余秋雨、路甬祥、顾明远等30余位著名学者欣然担任文库的顾问。于光远先生说："编好这个文库，其意义不亚于造一条高速公路。"他还先后数次为我们推荐书目，张中行先生、钱仲联先生等年过九旬的前辈都亲自参加了文库的讨论。

文库的书徽征集到了数以百计精心设计的来稿。江苏省教委和有关出版单位把出好文库列为工作的重中之重。这些，更增添了我们的责任感和使命感。

伴随着新世纪清晰可辨的脚步声，我们热切地倾听着莘莘学子的琅琅读书声。我们执着地认定，未来的时代是一个竞争与挑战的时代，是一个充满生机活力的时代，同时它也应该是一个潜心读书的时代。

“为天地立心，为生民立命，为往圣继绝学，为万世开太平。”古代的哲人曾经这样寄语一代书生。今天我们将赋予这句话以新的内涵，以真正读书人的襟怀和气魄，昂首走进属于我们的新世纪！

文库出版以后，受到了社会的广泛好评。这是我国第一套比较系统的学校教育阶段的书目和教师书目，现在仍然在网络上成为大家读书选书的重要参考。

在江苏教育出版社、苏州大学出版社、中国少年儿童出版社、21世纪出版社、上海教育出版社等出版机构的大力支持下，这套文库先后出版了近百种图书。我原计划把400种图书全部出版，并寻找有公益情怀的企业家为农村和边远学校送书，但由于版权涉及太多的出版社与作者，后续工作无法顺利进行下去。

2002年，我发起的新教育实验正式在苏州昆山玉峰实验学校启动。新教育实验是以书香校园为重要内容的教育实验，阅读书目也再次提上议程。2010年，为了更系统全面地推进阅读研究与推广工作，新教育研究院在北京正式成立了新阅读研究所。该所汇聚全国数百位专家、学者，陆续成功研制了《中

上海教育出版社
苏州大学出版社
中国少年儿童出版社
21世纪出版社
江苏教育出版社
1999年10月起陆续出版

国小学生基础阅读书目》和《中国幼儿基础阅读书目》《中国初中生基础阅读书目》《中国高中生基础阅读书目》《中国企业家基础阅读书目》，受到广泛好评。其他诸如大学生、教师、父母等书目，都在研制中。我的梦想是最后能够形成一套完整的《中国人基础阅读书目》。如果可能的话，我们阅读研究所还将继续研制按照学科分类的学科研究书目和教师学科教学阅读书目。

我一直认为，阅读对生命的滋养，是一个集腋成裘的过程；阅读的研究与推广，也需要在岁月中聚沙成塔。漫漫阅读路，以书目导航，听心灵召唤，行走这条路的过程，就是幸福。

106　中华管理智慧：中国古代管理心理思想研究

这是一本受国家自然科学基金资助，专门研究中国古代管理心理思想的专著。我长期师从燕国材先生研究中国心理学史，20世纪90年代中期开始重点关注从管理心理学的角度审视中国传统管理文化。经过课题组的研究，概括出中国管理文化“以人为本、以德为先、以和为贵、中庸之道、无为而治”的五大特色。在本书中，我们以先秦为起点对古代管理心理思想进行了比较全面的梳理，着重研究了先秦儒家、道家、法家、兵家、墨家等的管理思想，还对董仲舒、刘劭、《菜根谭》、贞观统治集团等人物和著作的管理心理思想及其现代价值进行了探索，努力构建古代管理心理学思想体系，并且从中概括出对现代管理具有直接指导意义的管理心理策略和技巧。我们希望读者通过阅读此书，能够从中领略五千年管理文化的苍劲与淳朴，体验古老文明的悠久与蓬勃，感悟古代先贤管理智慧的深邃与高远，对现代企业管理者和管理理论研究者具有借鉴意义。

本书抓住管理学科最深层次的心理问题进行历史考察，通过系统梳理中国古代管理心理思想，提出了“心本管理”这一核心思想，填补了中国管理心理学史研究的空白。

本书的作者大部分是我的研究生，其中陶新华和范庭卫两位博士担任副主编，协助我做了大量学术性和事务性的工作。在成书的过程中，中国国民经济研究会原会长、复旦大学首席教授苏东水先生，我的恩师燕国材先生，百忙之中分别为本书写了序言，对我们的工作给予了充分的肯定与褒奖。

苏州大学出版社
1999年11月版

107 人的现代化与苏州

这本书是“现代化与苏州”丛书中的一本。

该书立足苏州实现跨世纪宏伟目标的实际，着眼于现代化实践的主体——人的现代化问题，从分析人的现代化的一般概念到苏州人的现代化的特殊情况，围绕人的现代化的概念、人的现代化的地位、人的现代化的内涵、人的现代化的实现以及历史上关于人的现代化的各种理论等展开阐述，进而对实现人的现代化的基本途径等做了探讨，旨在现代化进程中不断实现人与社会的和谐发展。

该书由时任苏州市委副书记冯瑞渡和我共同提出编写框架并负责审定，由绪论、人的现代化的理论探索、人的现代化的实践运作、苏州人和人文风貌与文化底蕴、青少年与苏州基本现代化、市民素质与苏州现代化、领导者与苏州基本现代化、教育发展与苏州现代化、文化氛围与苏州现代化、大众传播与苏州现代化、制度文明与苏州现代化等组成，共计十一章。

本书是集体合作的结晶。大部分作者是苏州大学教授和苏州市委宣传部的理论研究人员。方世南教授、任平教授、李兰芬教授和高志罡副部长等参与了本书的组织与撰写工作。

苏州大学出版社
1998年10月版

108 中国教育家展望21世纪

1996年夏天，山西教育出版社的徐亚东先生为“当代日本教育丛书”事宜来苏。徐总见我案头上有一本《新华文摘》，恰巧上面有拙作《21世纪中国教育展望》，提议道：“何不邀请国内教育名家就21世纪教育发展做一展望和评述？”不久，他飞鸿相告：此选题已被纳入山西新闻出版局“九五”重点项目。于是，我们向教育界的专家们发出了50余封邀请函，新老朋友的反响热烈，许多著名的教授、大学校长在繁忙的学术研究与行政事务中拨冗赐稿，给予了大力支持。记得当时的华中理工大学校长杨叔子院士还专门写来贺信。中国教育学会会长顾明远先生为本书撰写了序言。

山西教育出版社
1997年12月版

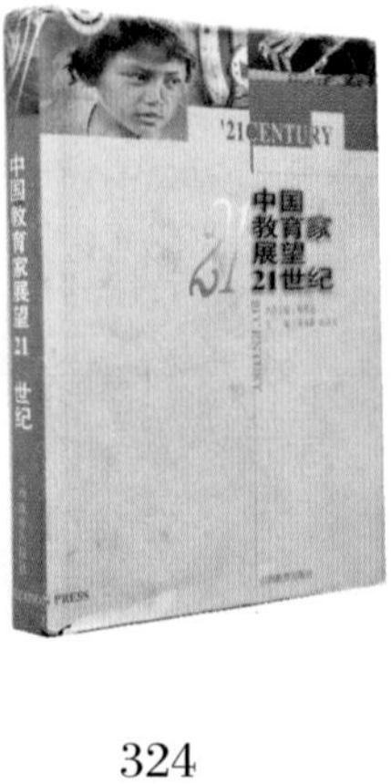

本书主要围绕“21世纪中国教育发展展望”这一核心主题，收录了33位国内著名教育专家不同角度的前瞻性理论文章，作者除顾明远老师、杨叔子先生外，还有刘佛年、黄济、燕国材、钟启泉、袁振国、闵维方、吴启迪、方展画教授等一大批名家。由于篇幅限制，还有一些文章未能收录。

本书是我与山西教育出版社徐亚东先生共同主编的。从选题到编辑出版，徐亚东先生亲力亲为做了许多具体的工作。

109 迈向21世纪的国际理解教育

——国际教育学研究大会苏州会议论文选

1993年12月18日，由苏州大学、日本国际教育学会、江苏教育出版社共同主办，以“迈向21世纪的国际理解教育”为主题的国际教育学研究大会暨第四届日本国际教育学会年会在苏州大学举行，来自日本、美国、南非等国家和地区的近200位教育专家和教育工作者参会。国际比较教育学会副会长顾明远教授、日本国际教育学会会长松崎岩教授、副会长西村俊以先生、苏州大学姜礼尚教授、江苏教育出版社副总编徐斐、《教育研究》杂志总编连瑞庆、《江苏社会科学》杂志总编赵永乐、苏州市副市长王振明以及国务院侨务办公室、江苏省教委等有关方面的负责人出席会议。我担任了这次会议的主席，全面负责会议的筹备与运营事务。

这次会议取得了预期成果。与会的专家、教授就国际理解教育达成了许多共识。大家认为，国际理解教育是一个跨世纪的教育难题。人类目前面临的挑战已远远超出了个人乃至一个国家的范围。而解决上述问题，就必须推进全球合作精神，就必须推进国际理解教育。

这次大会收到论文100多篇。本书就是在对会议提交的论文进行精选、修改增订的基础上编辑而成，系统地展示了中外学者关于国际理解教育方面的新思考、新成果。

江苏教育出版社
1995年7月版

110 当代日本教育丛书

1990年，我应日本经济社会研究所所长篠田雄次郎先生之邀，在上智大学工作一年，担任德语圈文化研究所研究员。在日本期间，走访了日本的许多学校，听到了许多在明治维新和战后日本发展教育的故事，产生了研究日本教育问题的冲动。我的想法与在日学者王智新先生不谋而合。为了借鉴日本教育发展和改革的经验，也为促进中日两国的教育文化交流，我们决定邀请中国和日本高等教育学界的同人联合编写“当代日本教育丛书”，以全面、准确地介绍日本教育的情况，反映日本教育在社会经济发展过程中的作用及经验教训，并适当结合中国实际，总结日本教育的成败得失，为我国“借他山之石，攻己之玉”提供参考建议。

中国与日本一衣带水，有着相似的文化背景，人口众多，资源贫乏，是两国的共同特征。日本与欧美发达国家不同，不是在工业革命以后再发展教育，而是在经济比较落后的情况下，走出了一条教育与经济同步发展，以教育推动经济发展的道路。日本只用了不到50年的时间就走完了欧美发达国家用

山西教育出版社
1992年至1999年版

200年才走完的道路。事实证明，这是一条值得借鉴的现代化之路。

日本的教育在日本的现代化过程中并不是一成不变的，为了不断适应日本社会经济发展的新趋势，日本的教育也在不断地进行调节和变革。中国的教育如欲快速发展，密切反映当前国际、国内的社会要求，推动我国的现代化进程，就要有一个新的起点，新的视角，以便少走弯路，尽快实现与发达国家的教育在同一起跑线上竞争。有鉴于此，这套丛书在适当回顾日本教育发展和改革的经验、教训的基础上，主要以当代日本教育为横截面，着力反映当代日本教育的情况和趋势。

这套丛书原计划出20种左右，每种20万至25万字，在1992年中日邦交正常化20周年之际推出第一批，到1996年中日邦交正常化25周年出齐。后来由于各种原因，一共出版了16种，1999年完成全部出版工作。

在中国出版专门研究一国教育的大型丛书并不多见，我们感到，伤其十指，不如断其一指，重点解剖一只麻雀，细致缜密、系统深入地研究一个国家的教育，或许会得到更多的启迪、更多的借鉴。这套丛书除一本具有概览或手册性质的著作外，其余则分门别类介绍日本的教育改革、教育管理、幼儿教育、初等教育、中等教育、师范教育、高等教育、家庭教育、社会教育、国际教育、道德教育、职业技术教育、企业内教育、特殊教育、教育研究、语言学校等方方面面的内容。

出于对这套丛书的关心和支持，时任中国教育学会会长张

承先、日本教育学会会长大田尧、《中国教育学刊》主编张健、日本早稻田大学校长小山宙丸、苏州大学副校长张圻福、日本国立教育研究所所长泷泽博三担任了本丛书顾问，提供了许多宝贵的意见和建议。日本教育学会会长大田尧还热情洋溢地为这套丛书写了推荐书：“这套丛书是中日两国教育研究者密切配合、共同研究的成果，据我所知，像这样规模的以日本教育为研究对象的汉语出版物，还没有见到过。它的出版对中国读者了解日本教育、促进国际间的学术交流和国际理解，无疑有很大的贡献。”时任日本文部大臣鸠山邦夫在百忙之中为丛书题词，表达了他对丛书的美好祝愿。

为了保证丛书质量，组成了由中日两国的学者共同参加的联合编辑委员会，邀请了对中日教育有专门研究和丰富写作经验的学者为丛书作者。知名日本教育研究专家金世柏教授、钟启泉教授、钟清汉教授、梁忠义教授等也都慨然承担了本丛书的专题写作任务。

这套丛书还得到了中国教育学会、日本教育学会、日中教育研究交流会议、日本国际交流基金会、日本国立教育研究所、山西教育出版社的大力支持。尤其是山西教育出版社，在图书市场困难的情况下，仍然决定高质量、高速度地出好这套丛书。他们的这种对教育事业的执着精神，难能可贵，令人难忘。

山西教育出版社
1992年至1999年版

111 当代日本教育概览

山西教育出版社
1992年12月版

这本书是“当代日本教育丛书”系列的第一本，是比较系统深入介绍当代日本教育的专著。

有感于战后日本的崛起与教育的密不可分，1990年至1991年，我在日本上智大学从事讲学与研究期间，曾邀请在日本研究教育问题的中国学者与国内几位专攻日本教育问题的教授共同编纂一部反映日本当代教育的著作。后来，王智新、方展画、袁振国诸兄提议干脆进行系统深入的研究，这才有了丛书的设想。

本书在某种程度上可以作为该丛书系列的微缩本，便于读者从整体上全方位把握当代日本教育的来龙去脉。在整体充分把握之后，再分门别类研究某一方面的内容，或进一步阅读丛书中的其他著作，会更加得心应手。从这个意义上说，这本书实际上是一部了解日本教育的手册。

本书共分十九章，分别为：第一章绪论；第二章日本的家庭教育；第三章日本的幼儿教育；第四章日本的小学教育；第五章日本的中学教育；第六章日本的高等教育；第七章日本的师范教育；第八章日本的道德教育；第九章日本的特殊教育；第十章日本的教育咨询；第十一章日本的社会教育；第十二章日本的技术教育；第十三章日本的企业内教育；第十四章日本的教育产业；第十五章日本的语言学校；第十六章日本的教育改革；第十七章日本的教育管理；第十八章日本的教育研究；第十九章日本教育展望。各个章节层次递进，分别概述了日本教育的方方面面。

本书的出版得到了国内外许多日本教育研究专家的支持，王智新、王坤泉、朱建明、许庆豫、宋伟、沈学初、陈永明、袁振国、徐建平、徐爱、张乔松、钟清汉、潘小琴、金世柏、金龙哲等学者都参与了其中一些章节的编写。

112　心理学著作辞典

这是一部供读者查阅古今中外在学术上有影响、有特色的心理学著作的工具书，也是《心理学人物辞典》的姊妹篇。

本辞典共收辞目425条，收录了截至1987年出版的中外著名的心理学著作。以西方心理学为例，本书除了介绍早期哲学著作中与心理学关系密切的著作，如柏拉图的《理想国》、亚里士多德的《论记忆与回想》、笛卡尔的《论情绪》、贝克莱的《视觉新论》等外，对从冯特以来的心理学名著，如费希纳的《心理物理学纲要》、艾宾浩斯的《记忆》、詹姆斯的《心理学原理》、弗洛伊德的《精神分析引论》、桑代克的《教育心理学》、华生的《行为主义心理学的观点》、波林的《实验心理学史》等200余部重要著作也进行了详细介绍。其中中国心理学著作占一半以上，这也是本辞典的一个重要特色。我国古代就有极其丰富的心理学宝藏，有许多专门论述心理学思想的著作，如《人物志》《神灭论》《关尹子》《天方性理》等。但长期以来，心理学作为“舶来品”，在所有心理学的教科书和历史著作中，一直没有中国人的学术地位。所以，在这次编写《心理学著作辞典》时，我们在吸收心理学界研究成果的基础上，对中国的各种古籍文献进行了深度的挖掘和整理，选择了一些有重要影响的著作和一些名著中的名篇，并对其中的条目、作者的主要学术观点、主要内容以及意义和影响做了介绍和评述。

第一主编张人骏先生是我的老师，也是《中国大百科全书·心理学卷》的责任编辑。在编纂的过程中，我负责全书的条目设计和中国部分的撰写统稿。感谢他对于一位年轻学人的信任与提携，邀请我承担如此重要的一本工具书的写作任务。在撰写这本书的介绍时，张老师正在北京方庄的一个病榻上。我永远感激他对于一个年轻学者的器重与提携。

为了保证质量，本书邀请了陈泽川、燕国材和沈德灿先生作为特约编审，近20余位专家参与了编写工作。

天津人民出版社
1989年1月第1版

113 差生心理与教育探索

这是国内较早专门研究“差生”心理的一本专著，也是国内研究差生心理成果的首次集结。同时，它还是我主持的江苏省教育科学“七五”项目《中学差生心理与教育》的成果。

由于当时研究水平和认识水平的局限，我们使用的仍然是“差生”这个概念。现在我更愿意用具体的、科学的概念形容这个群体，如“学习困难学生”“后进生”“问题学生”等。在学校生活中，这些学生的问题既是一个十分重要的理论课题，也是一个关系重大的现实课题，同时也是教育中的薄弱环节。本书立足理论与实践相结合的维度，运用多学科的理论成果和现代科学方法，围绕“差生”心理的形成原因、评定标准、特征表现、影响因素、内在机制、案例分析等进行了研究，对各个年龄阶段差生的心理特点进行了数量化的统计分析，并提出了切实可行的具体的解决对策。既有理论的研究，又有实践的路径；既有案例的分析，又有具体的论述。

这本书是我进行教育田野研究的尝试。记得1987年和1988年前后，我们多次长途跋涉去乡村学校收集资料，课题组成员多次切磋研究问题，为一些规律性的发现欢欣鼓舞，也为一些现象难以解释而困惑不安。但是，那是一段难忘的岁月。国内研究学习困难学生的专家北京师范大学的金盛华教授、福建省教科所的何家铿研究员、扬州师范大学的郜启扬先生，以及我在苏州大学的同事黄辛隐、樊琪、吴荣先教授等都欣然参加了课题组，苏州市、盐城市部分大中小学的20余名教师参加了课题研究。

苏州大学储培君教授为本书撰写了热情洋溢的序言。全书还附有“差生”问题研究的索引，收录了400多项相关研究成果。时至今日，该书中的理论和方法，对于解决教育中的“差生”心理，仍然具有一定的参考价值。苏州香雪海电器公司资助了本课题的研究。虽然这个昔日成就辉煌的企业已经不见踪影，但我一直记得并且感激他的董事长龚维新先生关注教育的情怀。

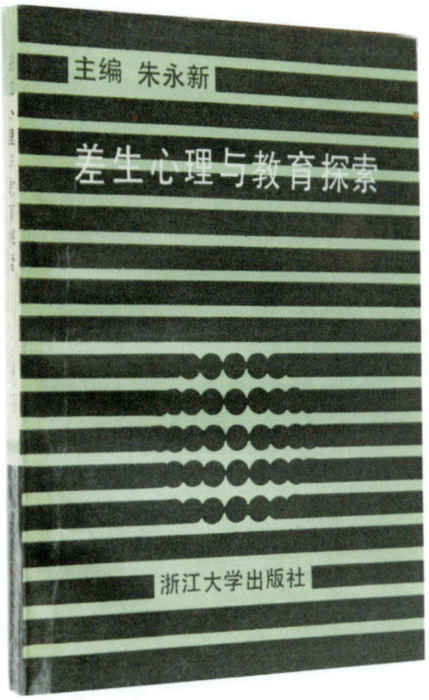

浙江大学出版社
1989年6月版

114　中国一百个军事家

这是一本全面介绍我国历史上卓越军事家的书，也是一本军事理论的通俗读物。

全书以史料为基础，以人物为中心，按照历史年代顺序，系统地介绍了公元前10世纪我国古代军事家姬发，前5世纪孙武、前4世纪吴起到现当代军事领袖毛泽东和邓小平等100个著名军事家的故事，对每位军事家都简要地介绍了他们的生活时代、军事生涯、军事思想和军事贡献。

严格来说这不是我的著作，我只是一个联系人而已。而且，这本书的撰写对我来说有点“不务正业”。因为参与编写《中国古代心理学思想研究》《地球上最美的花朵——心理学趣谈》等书籍的缘由，与江西人民出版社的蒋佩明老师成为好友。她知道我对中国古代教育史和心理学史感兴趣，也比较熟悉史料，就希望我来主编一本介绍中国军事家的书籍。因为恰好苏州大学有一批历史系的青年教师，我想着帮助他们找点写作的活儿，就答应了下来。

后来考虑到自己毕竟不是军事方面的专家，就邀请了从部队转业到苏州市委宣传部的李直先生主持编写工作。他又邀请了原南昌陆军学院的领导和战友。在他们的努力下，这本书的“规格”不断提升，得到了各级领导的帮助和支持。胡乔木同志做了批示，原中央军委副主席徐向前元帅为本书题写了书名，原中央军委副主席聂荣臻元帅题词，原南京军区司令员向守志为本书作序。此外，中央党史教研室、社科院哲学研究所、社科院历史研究所、军事科学院、江西师范大学、南昌陆军学院等单位和胡绳、张岱年、谢国良、李元勋等前辈提出了很多指导性意见。

江西人民出版社
1987年7月版

115 心理学人物辞典

这是一部查阅古今中外在学术上有影响的心理学思想家和心理学家生平学历、学术思想、主要科学成就及主要学术论著的工具书，也是张人骏先生与我共同主编的《心理学著作辞典》的姊妹篇。

本辞典共收词条336个，收词范围上起古代，下迄近现代，分中国与外国两大部分，以人物出生年代先后为序，每一词条的主要内容包括人物的生平、主要活动、心理学观点和重要论著。本辞典收录的人物主要是在心理学发展进程中有一定影响或有一定代表性的人物，侧重介绍其在心理学方面的成就与贡献。本辞典收录中国人物137个，可见在撰写过程中我们对中国心理学家的介绍给予了特别的重视，这不仅因为我国自古以来就有非常丰富的心理学思想遗产，也是希望能够促进国际心理学界增进对中国心理学思想的了解和重视。

本辞典既具有工具书科学性、知识性的一般特点，还采用了编年体例等新的形式。在编写的过程中，尽可能地查阅了国内外的研究资料，对人物的第一手材料力图做到释文准确、简洁、言之有据，同时着重反映国内外的最新研究成果。特别是注意选入了过去国内介绍不够，但又对心理学做出过贡献的国外心理学家。

天津人民出版社
1986年7月版

五、译著

国际著名画家陈瑞献向新教育捐赠仪式（摄影：薛晓哲）

116 亚洲稻农：七位农民的生活（中、英文版）

1995年，为了鼓励和促进世界各国大学之间的合作，联合国教科文组织高等教育部发起了一项名为“大学联合”的活动。“大学发展地区电子教学辅助产品”是“大学联合”活动的项目之一，而亚洲稻农则是其中的第一个项目。

选择水稻问题，是因为水稻是一个全球性的话题。对于亚洲人来说，水稻不仅仅是食物，它还塑造了农村生活中的习俗、文化、政治和经济。这种不可或缺的作物，在某种意义上还决定了某些亚洲国家的生存和发展。

项目的总负责人是日本中部大学高级研究部的加东秀枥博士，还有六个国家的大学教授参与研究，我是中国项目的负责人，当时在苏州大学工作。项目从1997年5月正式开始。我们在新加坡进行了集中系统培训，配备了摄像机、电脑等研究工具，进行了为期三年的实地观察记录。

2000年年底，我们完成了这本书的英文版，由新加坡亚洲传媒与信息中心出版。2003年年底，由苏州大学出版社出版了中文版，并且用另外六种文字在各自的国家出版。中文版的翻

《亚洲稻农》英文版

苏州大学出版社
2003年12月版

译由我的硕士生沈森协助完成。

这本书共分七章。第一章《一位中国苏州农民的生活》讲述的是苏州昆山农民顾梅生的故事；第二章《变化的村庄：关于印尼稻农的经济和文化发展的个案分析》记录了印度尼西亚农民曼·欧勒的生活；第三章《案例研究：一位大步向前的日本稻农》是日本小林新内的生活叙事；第四章《一位韩国稻农的人生经历》则讲述了宋秉善的日常耕作生活；第五章《巴哈瑞：一位进取创新的马来西亚稻农》记录了马来西亚稻农塞弗·巴哈瑞·艾兹的生活；第六章《人生旅途中的稻米种植：来自菲律宾一个村庄的故事》是关于娜·翠宁的生命与生活叙事；第七章《泰国北部的一个稻农家庭》记录的是塔库姆以及他的家人和所在社区的故事。

应该说，这本书的内容远远不止于对水稻和稻农生活的描述，它还强调：在农业现代化的脚步悄悄逼近的时候，农民在处理其自身与土地、家庭以及社区的关系中起着举足轻重的作用。此外，此书还描述了对农民的价值观、期望和未来有着重要影响的农业种植的动力。

117 教育科学精品教材译丛

作为一名学者，我在20世纪八九十年代时经常有机会参加国际学术会议，也曾经在美国、日本的大学做过一段时间的访问学者。在与国外教育界同人进行交流时，常常感受到莫名的窘状，这不仅仅表现为文化差异的冲击，更多的是学术沟通的障碍，究其原因，则是学术语言和学术规范存在差距。

作为一名大学教师，我也经常为我们的教材落后而焦虑。从21世纪初国内师范教育训练内容与体系来说，课程结构比较单一狭窄，缺乏具体的班级管理、研究方法、教材编制、师生交往等方面的指导，即使是教育学、心理学与学科教材教法这老三门的教材本身，也是内容陈旧、形式呆板，很少有形象生动的图表、引人入胜的案例，与国外的同类教材差距甚大，这些也严重制约了国际学术交流的水平。

而差不多同时，21世纪初国外著名经济学、社会学教材的大量引进，极大程度提升了两个学科的研究与教学水平，他们的成功经验给我很大的启示。在这样的背景之下，为了提高我国教育专业学生的学术水平，在国际交流的层面上规范学生的

江苏教育出版社
2002年起陆续出版

学术语言和提高学生的学术素养，为了提高我国的教育科学的研究水平，尤其是为高校教材的编写工作提供借鉴，我邀请了在国内外从事教学与研究的一些朋友，下决心组织选编一套“教育科学精品教材译丛”。

经过近十年的努力，我们在中外专家推荐的教材中反复筛选，选择了近50种在国外高校普遍使用的教材，包括《教育基础》《教育研究方法导论》《儿童发展》《教育督导：重新界定》《校长学》《体育基础：教学、锻炼和竞技》《实验心理学》《教育心理学》《领导学：理论和实践》《课程：基础、原理和问题》《有效教学方法》《学习理论：教育的视角》《组织行为学》《研究性学习》《现代心理学史》《教育社会学：一种系统分析法》《认知心理学》《学校法学：案例和观念》《道德教育：一种以教师为中心的取向》《教育政策学导论》《教学模式》《教育和心理的测量与评价原理》《教师指南》《儿童早期教育学》《生涯发展与衔接教育》《高等教育学》《艺术疗法》等，差不多覆盖了我国教育学科的所有课程。

在选编这套丛书时，我坚持了以下主要原则：

一是权威性。为了确保所选教材具有较高的学术品位，我们邀请了在国内外具有较高学术声誉的著名学者担任编委，如美国心理学会教育心理学分会的主席托马斯·舒尔教授、美国教育研究会国际教育研究组主席詹姆斯·堪培尔教授、香港中文大学教育研究所所长卢乃桂教授、日本国际教育研究会副会长王智新教授，以及国内著名学者专家顾明远、章新胜、袁振国、董奇、徐辉、钟启泉、赵中健、吴康宁等，成立了以万毅平、马立平、关小茹、彭凯平、蓝云、周正、孙静、陈欣银等海外教授为主体的咨询委员会。他们的精心推荐和严格把关，使这套丛书所选教材具有相当的权威性。同时，这套著作的译者也大部分是学科的带头人。如严文蕃翻译《行为科学统计学入门》、赵中建翻译《教育管理：基于问题的方法》、叶浩生翻

江苏教育出版社
2002年起陆续出版

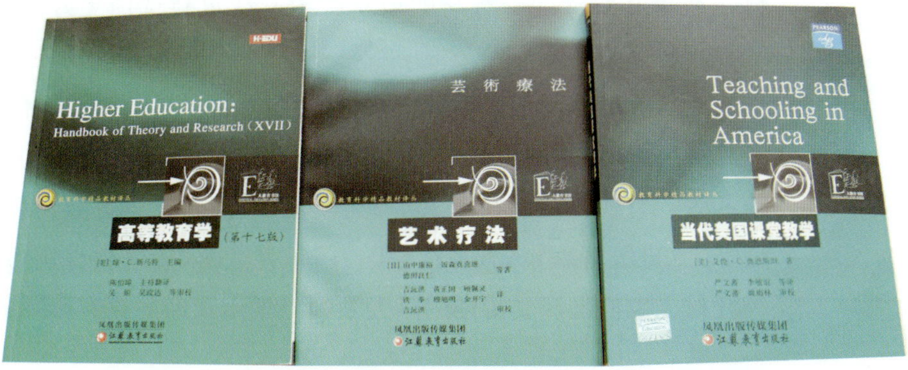

译《现代心理学史》等，可以说是名家译名著。

二是经典性。为了使所选教材为大多数学者认同，我们在推荐的教材中反复比较，尽可能使用经过一定时间检验的名家名作，确保所选教材的经典性。如首批选入的12种教材均是国外享有很高声誉、学术界一致公认的经典教材，包括《教育基础》《教育心理学》《教育研究导论》《儿童发展》，以及《心理学原理》《学校管理》《课程理论》《教育测量与评估》《领导理论》等。

三是可读性。在确保经典性的同时，我们特别重视在市场上非常畅销的和多次再版的教材，充分考虑使教材具有较强的可读性，以方便学生自学。其中《体育基础：教学、锻炼和竞技》引进的是第十五版，《美国小学社会与公民教育》是第十二版，《教育基础》《现代心理学史》和《教育心理学》等都是第八版。

四是开放性。为了弥补选编工作可能出现的疏漏，为了及时补充国外最新的优秀教材，编委会决定定期更新所选用的教材，或重新翻译同一教材的最新版本，或重新选译更好的版本，使这套丛书具有开放性。

五是应用性。考虑到教材的可读性与实用性，我们选择了一些极具应用价值的图书，如《有效教学方法》《领导理论与实践》等，有些教材已在近300所大学使用过。《教育督导》《校长学》《班级管理》《教育社会学》《研究性学习》《教育实习》等教材，也都是深受国内的广大教师与学生欢迎的具有很强的操作性的教育科学教材。

我一直认为，编写教材是一门特殊的学问，一定要调动最优秀的专家全身心地投入，鼓励一部分专家终生从事教材编写与研究。民进的老前辈叶圣陶、张志公先生等，都是一辈子从事教材编写与审定工作的。许多国外的教材都是不断修改完善的。我们也一直期待着我们组织翻译的这套教材能给中国教育理论界带来一些观念和方法上的启示，为我国的教育科学的教学和研究，尤其是教材编写工作提供一定的借鉴。当然，我更希望的是创新和超越。期待我国的教育工作者编写出更高水平的、具有中国特色的教材。

特别感谢我的大学同学、美国麻州大学教育领导系的主任严文蕃教授的大力支持。没有他的全力参与，这项工程浩大的工作，是非常难以顺利完成的。也感谢江苏教育出版社的几任领导在引进洽谈版权、联系译者专家以及出版方面付出的辛勤劳动。

江苏教育出版社
2002年起陆续出版

118 自性清净法

——智者的心理奥秘

这本书的原名为《人怎样战胜自己——自性清净法导论》，是由日本经营社于1986年12月出版的一本颇有影响的著作。

此书的作者篠田雄次郎教授是我的导师，是享誉日本的文化名人。他先后担任过上智大学社会经济研究所教授、日本船舶振兴会理事长、日本科学协会副会长、日本经济同友会顾问、东京社会经济研究所所长、国际书道连盟总裁等职。篠田教授致力于国际文化交流，曾荣获德国功勋十字奖章。他对中国也非常友好，热切关心中国的现代化建设，参与组织并创立了专门培养中国医务人才的科学基金，曾三次来华，会晤过邓小平等党和国家领导人。

篠田雄次郎教授著译颇丰，出版有《小集团经营》《合作经营宣言》《日本人与德国人》《岛国与日本人》《日本病症候群》《夸耀的日本人》《日本的神话与现实》《圣堂骑士团》《文化的时代》《德国的奇迹》《日美苏的兴亡与世界经济的重构》《5年后的世界地图》《体态语言》《人际交往学》等50余种著作。

到日本上智大学做访问学者期间，他把自己的这本书推荐给我阅读，可见他是非常推崇这本书的。

篠田雄次郎教授的这部著作，最核心的内容可以用三个字加以概括，即“信”（信念）、“望”（希望）、“爱”（爱心）。正如作者所说：“‘信’‘望’‘爱’是克服人生困难的最好良药，人生有许多困难，诸如亲人的过世、疾病的折磨、工作的失败等，往往使人产生失望感和挫折感，要渡过这些难关，唯在于这‘三德’。”

所谓“信”，就是指要有成功的自信和信念。作者认为，人们的潜在能力实际上是相差无几的，而这种潜能能否得到最大限度的发挥，往往取决于能否有自信。他举例说，不论干什么事，你和别人的成功概率都是50%，但如果你有自信、有目标，你就领先了50%，所以总的成功概率达75%。正是在这个意义上，作者指出：“当人们说‘必定成功’时，他的事业在某种程度上已经成功了。”

天津人民出版社
1992年8月版

所谓“望”，即与信念相联系的希望。作者认为，只有始终对生活抱有希望的人，才能战胜挫折，走出困境。正因为如此，作者非常推崇德国的一句新格言：“心中有太阳，口中有歌声。”作者把怀有希望的人称为“达观者”，认为这种人像灯塔一样，人们会聚集在他的周围，并且把这种有希望的人推上去。因此“希望经常能够拯救人们，不仅是在危急关头，即使在日常生活中，希望也使人奋进”。

所谓“爱”，就是指服务精神与奉献精神。作者认为，“信”与“望”是车之两轮，只有在其之上才能构建人的精神生活。但两轮的运动离不开“轴”，这根“轴”就是“爱”。作者把爱比喻成“生活的维他命”，认为“没有爱的地方是任何东西也生长不出来的”“爱比任何东西都更加坚强”，因此“那些爱的情感愈宽广、深厚的人，生活之路也非常宽广”。

这本书的一个重要特点是操作性强。作者不仅提出了以“信”“望”“爱”为核心的人生基本原则，而且提出了若干可以操作的具体方法，如怎样战胜困难和挫折、怎样和谐与别人（包括上级）相处、怎样有效地利用时间、怎样做那些成败在此一举的大事业、怎样调节自己的情绪、怎样适应环境、怎样处理愿望与实现的关系、怎样对待疾病和失眠等，具有非常实用的可操作性。尤其是本书的一个关键词“定句”，如果用心地读书，真正地掌握了它，可以说会终身受益。

这本书的另一个特点是生动活泼。作者用自己的亲身经历采撷实际生活中的素材，用亲切可感的方式娓娓道来。我们仿佛坐在作者的面前，听他用他那特有的充满哲理的分析和富含生活情趣的语言，讲述一个个引人入胜的故事，不知不觉之中时间就飞逝而去了，丝毫没有枯燥乏味之感。

这本书在日本出版后受到了广泛的好评，几年间先后重印和再版多次。多位著名球星曾给予此书极高的评价，认为这是运动员进行心理训练的不可多得的教科书。在作者主持的集团经营研究会上，它也作为经营管理人员的重要参考书予以推荐。

这本书的中文版由我和徐建平博士联合翻译，天津人民出版社1992年8月正式出版。篠田雄次郎教授为中文版撰写了序言。

119 小集团经营

这本译作是根据1987年第8版翻译的。在翻译中，我们尽可能尊重了该书的原貌，删去了少量不适合中国国情的内容与文字。

该书从集团活力的源泉、集团结构的变化、集团领导形象的变化、交流的意义、交流系统的建立、交流体系的精髓、以人为核心的社会等7个方面出发，着重论述了“集团的目的绝不是最大利润，而是集团的生存和延续”这一核心观点，这对当时处在市场经济刚刚兴起的发展中国家的中小企业来说，无疑是十分新颖独到的思想见解。

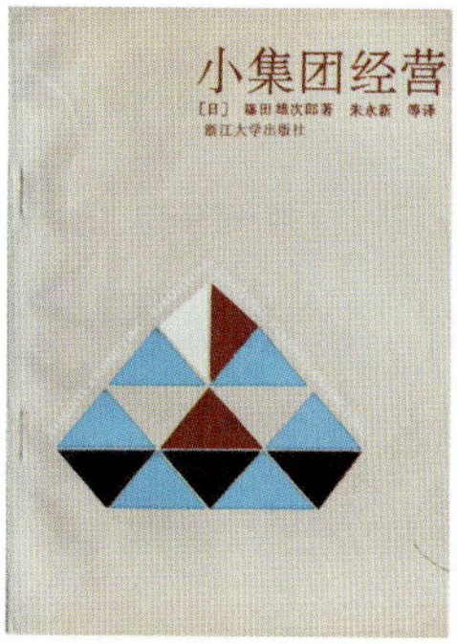

浙江大学出版社
1991年10月版

这本书是篠田先生的代表作之一。1990年，我刚刚到日本，去先生的日本经济社会研究所拜访时，先生从自己所著的50余种著作中挑选出来送给我这本书。他告诉我，该书在日本出版后广受好评，先后重印十余次。

利用在日本访学的一年时间，与若园淑媛、张启新等共同翻译完成了这部著作。中日都属于东亚文化圈，对于团队精神与集体主义有自己独特的理解，这本书应该对中国的经济发展有所参考。我也特别希望书中的一些思想观念，对帮助改进我国中小企业的管理实践有所裨益，为促进我国经济发展尽一份微薄之力。

120 家庭关系心理学

这是一本专门论述家庭关系的小册子。

天津人民出版社
1987年7月版

记得那是1986年，某出版社的编辑约我写一本有关家庭心理学的著作。这位编辑非常诙谐地说："时下青年心理学、婚恋心理学非常热门，过两年这些青年人该成家了，他们或许更需要一本家庭心理学作为案头必备了。"这番话引起了我的深思。是的，家庭是社会的基本单元，是我们人生的出发点，我们每一个人都从这里步入社会，走向生活。

于是，我和时任苏州大学讲师的蒋乐群先生共同翻译了这本《家庭关系心理学》(1983年第5版)。该书的原作者是日本著名心理学家依田明教授。该书内容丰富，叙事生动，通俗易懂，是一本不可多得的家庭心理学的入门书。该书主要围绕"家庭关系"这一主题，阐述了家庭的相关问题，共分为什么是家庭、家庭的建立、母子关系、父子关系、同胞关系、家庭的破裂、现代家庭的几个问题七章。

本书的面世，要感谢大阪日中友好协会常务理事平部朝谆先生对若干问题的解答，感谢我和蒋乐群先生共同的好朋友袁振国先生、谭海彬先生等的帮助。

后　记

这本书从不断写作的过程中开始，直到完成后的此时此刻，还是有许多感慨。

多少还是有些后悔的。我一直认为，一个真正的学者，能够有那么两三本，甚至是一本著作，能够真正有价值，能够流传，也就足够了。但是一直都担心自己不够勤奋不够努力，一直都在匆匆忙忙地赶路，很少有时间回头总结。写这本书的过程，是一个梳理的过程，看着有许多我不满意的作品，真希望能够删除。我最担心自己成为一个制造文字垃圾的人，一个没有学问责任感的人。

只是，所有的人都应该为自己的言行买单，文字也是一样。白纸黑字，我们写的文章，我们走的路程，就这样永远和自己的名字留在了一起，成为人生的一部分。收录不收录，责任并没有减少。

正是通过这部小书的盘点，我才如此清晰地认识到，每个文字，每部著作，都是立此存照，都应该慎之又慎，都应该尽力增益于世界。

感谢山西教育出版社的社长雷俊林先生和总编辑刘立平先生，他们为这本书的出版一路绿灯，给予了无微不至的帮助。感谢这本书的责任编辑和摄影编辑，为了这本小书，他们多次往返北京与太原之间，拍摄书影，收集资料，付出了许多辛劳。特别还要感谢新教育义工薛晓哲和童喜喜老师，他们在照片与文字方面给予了许多具体帮助。

朱永新

2015年9月9日

凌晨写于中日友好医院